体育科学研究方法与博士论文写作

——基于2017—2021年博士论文数据的讨论

张　琦◎著

教育部人文社会科学研究青年项目资助：
《我国体育学博士学位论文研究方法规范化研究（19YJC890059）》

天津社会科学院出版社

图书在版编目（CIP）数据

体育科学研究方法与博士论文写作 ：基于2017—2021年博士论文数据的讨论 / 张琦著. -- 天津 ：天津社会科学院出版社，2023.3
ISBN 978-7-5563-0878-1

Ⅰ. ①体… Ⅱ. ①张… Ⅲ. ①体育科学—博士—学位论文—写作 Ⅳ. ①G80

中国国家版本馆CIP数据核字(2023)第061554号

体育科学研究方法与博士论文写作 ：
基于2017—2021年博士论文数据的讨论
TIYU KEXUE YANJIU FANGFA YU BOSHI LUNWEN XIEZUO :
JIYU 2017—2021 NIAN BOSHI LUNWEN SHUJU DE TAOLUN
选题策划：韩 鹏
责任编辑：王 丽
责任校对：李思文
装帧设计：高馨月
出版发行：天津社会科学院出版社
地　　址：天津市南开区迎水道7号
邮　　编：300191
电　　话：（022）23360165
印　　刷：北京建宏印刷有限公司
开　　本：787×1092　1/16
印　　张：14.25
字　　数：182千字
版　　次：2023年3月第1版　2023年3月第1次印刷
定　　价：68.00元

序

当今,我国体育学学科建设取得了业已瞩目的成绩,学科建制不断完善,培养体系日益丰富,逐渐形成了“本—硕—博”全方位的人才培养体系。尤其在学科高层人才培养方面,取得了可喜的成绩。1986 年,北京体育大学和上海体育学院分别获得运动生理学、体育教学理论与方法以及体育理论专业的招生资格。在随后的近 40 年的实践探索间,无论是从博士点数量、招生体量、专业范围都有了明显的飞跃。但是,作为一个年轻的学科,博士培养的最重要的“出口”环节——博士论文的质量问题日益凸显。

学界普遍认为,一个学科学术水平在一定程度上取决于研究方法的科学性。如果说我国体育科学的研究现状还不能很好地解决各种复杂、现实的体育领域研究问题,那么研究方法上的不足很可能是一个很重要的原因。博士论文研究方法在使用中更多地体现出“借鉴”的特征,如民族传统体育学专业的论文很多都使用田野调查法、体育人文社会学专业更多地借鉴个案研究、体育教育训练学也借鉴了教育行动研究的方法。虽然这些方法的使用为学科研究注入了新鲜的血液,拓展了研究思路,但是也显现出诸如规范性使用的问题。

本书搜集了近 5 年(2017—2021 年)体育学博士论文的数据,对其研究方法部分进行深入地梳理,找寻出当今体育学科方法使用的共性特征。而后从范式与技术的角度对具体研究方法的使用进行整理和探究,最终形成适用于体育学学科研究内容的使用步骤。希冀该项工作能够为日后体育学研究人员的方法使用提供借鉴,并为基础理论研究者开展本学科方法研究抛砖引玉。

目 录

第一部分 基础研究

第二部分　研究方法整体现状

第三部分　研究范式与技术研究

第一部分　基础研究

第一章　导　论

第一节　为什么要学习研究方法

“工欲善其事,必将利其器”凸显出研究方法之于研究工作的重要性。研究方法是获取知识的科学路径、是学科发展的成长基石,是学术成果规范性的基本保证,更是研究人员科研素养提升的内在需求。

一、方法是获取知识的科学路径

人类常用浩如烟海来形容知识,这一说法突出了知识的数量之大和范围之广。然而获取知识的途径无外乎迷信、直觉、推理、权威、经验和科学方法这六种。从科学性的角度来讲,这六种途径也是逐渐增加的。其中科学方法是人类正确认识世界、获取知识的最基本方法。体育心理学专家张力为也曾对科学方法的特征进行归纳,认为科学方法具有可控制性、可操作性、可证伪性、可重复性以及可争辩性等特征①。因此,我们可以认为科学方法是获取知识的科学路径之一。

① 张力为.体育科学研究方法[M].北京:高等教育出版社,2002.

二、方法是学科发展的成长基石

一般来说，一门学科的理论体系应包含学科的学科性质、研究对象、研究方法、知识结构体系等部分，学科的发展必须要认识、构建并发展这些学科元素。体育学科也不能例外，必然沿袭学科成长的一般规律发展并走向成熟。研究方法是任何一项严谨的科研活动不可或缺的一部分，是一发动千钧的问题，是学科研究的生命线。正如巴普洛夫的比喻那般，“科学是随着研究方法所获得的成就前进的”。因此，规范的方法是学科发展的重要基石。

三、学术成果规范性的基本保证

一项研究成果能够被学界认可，最基本的要求是研究设计严谨、资料的收集、处理、分析以及运用准确无误。这些要求都是依靠规范准确的研究方法来保证的。研究者不管采用何种研究范式，使用何种具体技术手段，在资料使用的各个阶段都必须保证方法的规范性和准确性。

四、科研人员方法素养提升需求

博士生培养代表学科最高层次人才培养水平，其中方法学教育属于通识教育领域。一篇合格的博士论文需要具有几个必备要素，如选题创新、方法严谨，理论贡献等。其中方法素养是伴随博士生乃至终身科研工作的必备能力和品质，理应得到重视及充分的专业训练。

第二节　学科研究方法的历史借鉴

体育学从教育学中独立出来,成为一门独立的学科,一直为自身的学科独立性上下求索,其中研究方法的规范化是学科独立性的重要方面。从方法的使用上来看,体育学研究方法从"移植"走向"创新",学科方法论不断发展与完善,研究范式从嬗变走向融合,技术使用也凸显多元化的特征。

一、方法论演变特征

我国体育科学研究的方法论总体上体现出模仿、移植和借鉴的特点,大多是对现有研究成果的特征描述和总结。如黄汉升(1999)以思辨的方式结合体育学研究的特点,总结了当前体育科学研究方法的特征,如研究方法的应用范围增大、综合运用增强、检索意识突出、文献收集与处理手段愈加丰富、思辨与实验范式共存、研究目的与计划性逐渐明确、重视多学科的综合等特征[①]。邵伟德等(2002)以第五届全国体育科学大会专题报告 299 篇和 486 篇书面交流论文为研究样本总结出研究方法的多样与综合性、思辨与实验的主流地位、设备更新与定量趋势、学科化趋势、比较研究的涌现等方法学特征[②]。黄聚云(2008)总结我国体育学学科领域 30 年的方法论演变,总结出马克思主义方法论的统一指导、系统方法论的一度流行、实证主义方法论的主流地位以及反实证主义方法论的兴起

---

① 黄汉升. 现代体育科学研究的方法学特征[J]. 体育科学,1999,19(02):6-10.

② 邵伟德,陈伟明. 论现代体育科学研究方法论的几个特征[J]. 北京体育大学学报,2002,25(04):454-456.

等阶段性特征①。张力为等(2013)就数据、理论、因果关系、范式设计、质量控制等方面总结了体育科学研究方法的十个趋向,主要包括:从数据驱动到理论建构,从描述、预测到解释控制,从单一方法到混合应用,从小数据到大数据,从内部效度到外部效度等。并从研究手段技术层面总结出从单一研究到系列研究、从综述到元分析、从简单统计方法的运用到高级统计技术的应用等②。张春合(2014)通过对还原论与复杂论范式对体育学科研究方法的再认识,深入探讨复杂论与还原论之间的关系,并剖析所取得的成就和缺陷,对两种研究范式进行梳理和理性思考③。

二、研究范式的厘清

在社会科学研究领域,对研究范式的探讨主要集中于定量研究、定性研究以及混合研究的具体应用。在体育科学领域,早期多见于定量研究,当前体育科学研究工作者逐渐意识到定性研究对体育科学研究领域的重要性,开始探讨在本学科领域中定量研究与定性研究的区别,并深入探讨定性研究在学校体育、体育人文、体育心理等研究领域的应用价值。章岚等(2004)就通过定量研究对体育教学和运动训练实践资料的整理与分析后,得到的结论难以被教师、教练员、运动员及学生等认可,指导效果不理想的问题进行深入剖析。总结了定量研究在体育科学研究领域应用的局限性,如研究对象的复杂性与社会性、个别性、非确定性、本土化等特征,并进一步提出质性研究在体育科学研究中运用的可能性和独特性④。

---

① 黄聚云.近30年我国体育研究方法论的演变与反思[J].上海体育学院学报,2008,32(04):18-31.

② 张力为,张凯.体育科学研究方法向何处去?十个趋向与三个问题[J].体育与科学,2013,206(06):6-16.

③ 张春合.体育学科研究方法的多元融合及关系辨析——基于还原论与复杂论[J].西安体育学院学报,2014,31(04):397-403.

④ 章岚,许小冬,赵开强.对体育科学研究中质的研究方法的探讨——一种更加注重程序化、情景化的研究方法[J].体育科学,2004,24(07):1-5.

胡丹婧(2009)采用文献研究法和逻辑分析法,探讨质性研究与量化研究的联系与区别,并将质性访谈进一步细化为追踪访谈、案例访谈、现象学访谈、扎根访谈,结合实际案例探讨质性研究在体育心理学中的范式应用[①]。张军献等(2010)讨论了质性研究在国外社科领域以及国外体育人文研究领域的应用案例,并从研究假设、客观性、定量与定性优势与不足三个角度探讨缺乏质性研究对我国体育人文社会学研究工作的制约[②]。齐静等(2011)通过资料收集、分析、信效度检验等方法从概念、理论基础、研究策略等层面对质的研究方法学进行全面概述,使其对于学校体育研究的作用和意义、研究现状和应注意的局限性进行分析阐述[③]。熊欢(2018)从研究视域、类型、思路与策略的角度梳理了当今我国体育人文社会学研究领域的传统与束缚,并借鉴西方体育性质研究的经验,提出质性研究范式对我国体育人文研究困境的消解路径[④]。

此外,混合研究范式在体育学研究领域中也得到了一定的重视,如金成平等(2020)就数量化、客观化和普适化的特点对运动训练研究中的定量思维给予肯定,同时从研究过程、研究特性以及理论研究的角度提出了此种研究范式的局限。并从内生性、主观性等角度提出定量与定性混合研究实现优势互补的诉求[⑤]。

---

① 胡丹婧.质性研究在我国运动心理学中的应用[J].沈阳体育学院学报,2009,28(02):63-65

② 张军献,虞重干.质的研究范式在体育人文社会学研究中的应用[J].体育科学,2010,30(10):62-69.

③ 齐静,夏秀祯,王丽娟.质的研究方法概述及其在学校体育研究中的应用[J].体育科学,2011,31(06):74-80.

④ 熊欢.论质性研究范式对我国体育人文社会科学研究困境的消解[J].体育学刊,2018,25(01):1-10.

⑤ 金成平,胡海旭.论我国运动训练研究方法中的定量思维[J].北京体育大学学报,2020,43(05):128-137.

三、具体技术的应用

1. 定量技术研究

对于定量技术的讨论，主要集中于问卷研究法的应用。杨威（2001）以《体育科学》《体育与科学》《天津体育学院学报》和《福建体育科技》4部期刊1990—1999年以问卷调查为主要研究方法的论文为分析样本，评述研究了主题与抽样、统计技术的实际应用，并从信效度检验、样本抽样、统计方法和理论解释四个维度提出存在的问题[①]。张力为（2006）以2004年两所体育院校学位论文中采用问卷调查法的91篇样本从整体设计误区、问答设计误区和统计方法误区三个维度进行深入分析提出存在的典型问题，并建议研究者通过读十部研究方法的教科书，听十次与问卷调查法相关的学术报告，看一百篇近年发表的问卷法的学术论文再设计个人的问卷调查研究[②]。方千华（2008）以运用问卷调查方法的68篇体育人文社会学硕士学位论文为研究对象，对其研究主题、抽样技术、信度与效度检验、发放与回收、资料统计等内容进行分析，提出了规范化使用的意见和建议[③]。毛志雄（2016）对三所体育院校2014年授予学位的120篇研究生论文的分析发现，问卷调查法的使用范围仍然很广但存在诸多误用，如选题范围过大，描述为主，缺乏必要的深入分析；选项概念混乱，存在无效或不可能选项，问题设计随意；信效度检验方面重测信度和内容效

---

① 杨威.我国体育社会学研究中问卷调查方法的回顾与思考[J].体育学刊,2001,8(02):27-30.

② 张力为.体育科学问卷调查的误区(一)[J].北京体育大学学报,2006,29(12):1586-1589.

③ 方千华.体育社会科学研究的问卷调查方法检视[J].天津体育学院学报,2008,23(03):204-206.

度滥用,缺少必要的同质性信度和构想效度等[1]。柯友枝等(2020)以2010—2018年9本体育学C刊收录的问卷法为主要研究方法的论文为研究对象对问卷的信度做综合分析,梳理出问卷信度缺失或报告不规范、信度报告方法不具备适用性以及信度结果描述模糊的问题[2]。此外,张连成(2016)曾就体育学实验法的设计提出10个常见问题,如理论依据缺乏,系列研究缺乏条理性的关联,类型设计不清晰,组间与组内变量混淆,多因素设计被单因素设计替代,无法保证实验均衡原则,重复测量实验设计没有平衡顺序误差,对照组缺乏、样本量不足,实验生态学效度影响,统计检验缺乏[3]。

2. 定性技术研究

访谈法是研究者以谈话(主要以口头为主)的方式向访谈对象收集第一手资料的一种研究方法,是定性研究的基础技术手段。李博等(2018)等以2014—2016年C刊收录的学校体育学论文中运用访谈法的论文为研究对象,对访谈法的运用规范化问题进行分析,揭示出缺少总体设计、存在不同程度的误用和滥用的情况、缺乏系统的信效度检验、忽视伦理问题等,并结合体育学的研究实际提出访谈法的规范化流程[4]。

个案研究指对某种行为或事物单一案例的深入研究,个案研究技术的主要目的是对因果关系的探寻。张力为(2002)提出个案研究是以个体、社会机构或团体为观察单位,有助于对个体自身因果规律、事件变化过程进行探讨,还能在一定程度上节约研究经费。通过三个案例的具体

① 毛志雄. 体育科学领域的问卷调查:常见问题与解决方案[J]. 北京体育大学学报,2016,39(05):127-131.

② 柯友枝,孙建刚,张业安,李博,刘阳. 问卷是否可信——基于体育核心期刊论文(2010—2018年)的系统分析[J]. 体育科学,2020,40(02):90-97.

③ 张连成. 体育科学实验研究设计10个常见问题及对策[J]. 北京体育大学学报,2016,39(05):115-120.

④ 李博,刘阳,陈思同,程杰. 我国学校体育研究中访谈法运用的问题探析[J]. 上海体育学院学报,2018,42(01):56-63.

说明,总结出在竞技体育研究领域使用个案研究技术不但能够对运动员培养起到借鉴作用,对母学科的发展也能产生助力作用[①]。周进国等(2010)明晰了个案研究的代表性与典型性的问题,并指出在体育社会学研究领域个案研究具有深入剖析与积极应对的效果,对体育社会问题的理论建构具有积极的意义。在具体的个案选取中应注重典型性、分层抽取策略以及突出重点的原则。此外,在研究方法方面,个案研究经常与观察和访谈法结合并用[②]。涂传飞(2010)从阐释人类学的视角,针对民族传统体育学学科中的个案研究成果,对认知逻辑起点、研究性质、田野调查、民族志表述、认知视角以及个案与理论归纳的关系等重大问题进行反思[③]。李旭武(2014)以42篇体育社会科学中以个案研究为主要方法的论文为样本,从方法使用流程的角度按照立案、案例选取、资料搜集、资料整合与分析、结论及理论建构与解释五个方面进行规范性讨论,对典型问题进行深入思考[④]。郭可雷等(2016)从研究方法的视角对体育社会科学研究中的个案研究重新审视,结合体育社会科学研究领域的4个案例,按照关系个案、深描说、类型比较法和扩展个案法进行理论探索[⑤]。杨海晨等(2017)对体育人类学中类型研究的缘起、理论与应用层面的意义进行深入剖析,并提出类型化的多点民族志研究构想及其实践指导意义[⑥]。

田野调查是一种继承并发展于民族学、人类学的研究方法,是研究者

---

① 张力为.个案研究可以做成体育科学的博士论文吗[J].北京体育大学学报,2002,25(05):640-644.

② 周进国,黄彦军.个案研究:体育社会问题的一个研究方法[J].西安体育学院学报,2010,27(02):133-136.

③ 涂传飞.阐释人类学对我国民族传统体育个案研究的启示[J].武汉体育学院学报,2010,44(03):50-55.

④ 李旭武.体育社会科学个案研究规范化探析[J].成都体育学院学报,2014,40(07):21-26.

⑤ 郭可雷,赵艳艳,张伟.体育社会科学研究中使用个案研究的再认识——基于研究方法运用的视角[J].成都体育学院学报,2016,42(02):20-26.

⑥ 杨海晨,沈柳红.类型化:一个体育人类学中观议题的缘起、意义及实践[J].西安体育学院学报,2017,34(03):275-280.

深入研究对象的生活中，以参与观察和非结构访谈的方式获取研究资料，并通过对这些资料的定性分析来理解和解释的研究方法。黄聪等(2006)对田野调查在民族传统体育研究中的应用问题进行讨论，归纳田野调查的特点以及在民族传统体育学领域应用田野调查法的迫切性①。王颢霖(2014)以学科属性、研究视角、书写以及时间取向为视角，对我国当代民族传统体育学的个案研究进行重新审视②。刘少英(2015)对民族传统体育学学科领域中田野调查法的使用进行阐释，认为在研究过程中应该尊重被调查者的文化传统、从整体文化中去透视体育特征、从不同的环境中寻找特殊规律以及从实践检验中寻求真实③。宿继光等(2016)以2006—2015年体育学期刊中有关武术文化研究使用田野调查方法为研究样本，发现诸如应用缺乏重视、成果较少、类型单一、研究缺乏深入性、长期性和参与性的问题④。赵明元等(2017)拓展了田野调查的研究领域，将传统的地域性田野调查拓展到了网络田野调查的新视域。倡导网络田野调查具有低成本高效度、易于查找目标群体、易于深入探讨隐私话题等优势，同时应注意在研究伦理、研究效度等方面的问题等⑤。吕寻金等(2019)对当今民族传统体育领域田野调查成果不足的原因进行深入剖析，归结原因为时间总量不足、访谈的深入程度不理想以及研究问题的针对性不强等⑥。

---

① 黄聪，周伟洲，张鲲. 论田野调查在民族传统体育研究中的应用[J]. 中国体育科技，2006(03)：57-60.

② 王颢霖. 质疑与重释：田野调查在民族传统体育学中的应用——兼论当代民族传统体育学的转变[J]. 体育科学，2014，34(07)：30-35.

③ 刘少英. 民族传统体育田野调查的基本观点[J]. 沈阳体育学院学报，2015，34(02)：141-144.

④ 宿继光，李金龙. 近10年田野调查法在武术文化研究中应用的问题与成因——基于体育类核心期刊论文的考察[J]. 上海体育学院学报，2016，40(02)：29-34.

⑤ 赵明元，辛松和. 体育学研究中引入互联网田野调查的意义、问题及其规避[J]. 体育文化导刊，2017(08)：193-197.

⑥ 吕寻金，刘合智，纪宇. 民族传统体育田野调查应用问题审视[J]. 沈阳体育学院学报，2019，38(06)：139-144.

四、学科方法论明晰

熊明生(2006)通过对国内体育锻炼的心理健康效应研究进行方法学分析,提出此类研究中自变量和因变量的选择与确定,研究设计与统计分析等方面应该注意的问题①。李佳川(2008)通过对6种体育类核心期刊2002—2006年发表的有关体育锻炼与心理学方面143篇论文进行归纳总结,分析与评价我国锻炼心理学研究所采用的基本方法的使用情况,如定量研究使用需加强和完善,定性研究认识不够,定量与定性研究的结合需要进一步加强等问题,并讨论了研究方法的变化趋势②。张力为等(2013)以2013年世界运动心理学大会报告及论文向读者介绍运动心理学学科领域的新方法、技术以及趋势。提出学科的主要任务依然是理论建构,研究视域扩展到了神经科学技术、眼动以及虚拟现实技术的应用,并提出混合方法逐渐成为继量化方法和质化方法之后的第三研究范式③。

陈作松等(2008)通过调查了解到我国体育社会科学研究者,掌握程度最好和使用频率最高的收集经验事实的方法是问卷调查法而实验法的使用频率最低④。丘海雄等(2013)对如何才能提升体育社会科学研究法的水平,从寻找对话点、问卷的信度、抽样方法的选取、统计推断的谬误、统计方法的应用以及迈向综合性的分析几个方面加以深入剖析⑤。

---

① 熊明生.国内体育锻炼的心理健康效应研究方法学述评[J].武汉体育学院学报,2006(08):56-59.

② 李佳川.中国锻炼心理学研究方法应用现状与发展趋势研究[J].中国体育科技,2008(01):25-29.

③ 张力为,孙国晓.当代运动心理学进展:研究方法[J].北京体育大学学报,2013,36(09):42-48.

④ 陈作松,黄汉升.我国体育社会科学研究方法的应用特征[J].武汉体育学院学报,2008(02):11-17.

⑤ 丘海雄,于永慧.对体育社会科学研究方法若干问题的探讨[J].体育与科学,2013,34(06):25-27.

黄翠等(2009)归纳出运动人体科学方向研究方法使用的依次顺序为定性分析法、实验法、定量分析法、实地资料搜集法、文献研究法、其他访谈法、观察法，排在前三位的分别是定性分析法、实验法和定量分析法①。

五、学位论文的情况

马卫平等(2007)对 2000—2006 年我国体育学硕士论文中使用“调查研究法”的论文进行分析与反思，发现样本中更重视调查轻理论、注重描述轻分析和解释、重视定量测量轻定性分析，注重问卷轻实地调查等问题②。方千华等(2007)以 157 篇体育人文社会学研究生学位论文为研究对象，对研究方法的使用特征进行总结，如注重多种方法的综合应用、形成以某一方法为主体的多元方法体系、重视定量定性研究的结合以及问卷法的广泛应用③。黄汉升(2009)以 2000—2007 年在知网可以下载的 300 篇体育学博士学位论文对体育科学研究的进行方法学层面上的分析，得出体育学博士论文的方法学特征包括：人文社会科学和自然科学二元方法体系；方法体现出严谨与科学性；方法运用的综合性逐渐增强；善于新方法、新理论的支持；资料加工手段日益丰富以及更加重视实证范畴的定量与定性的结合。同时也指出当前方法运用也存在诸如与方法相关的认识模糊、表述不够详细、写作规范性需提高以及方法移植牵强、运用缺陷、名称不统一等问题④。林华等(2010)对 1999—2009 年我国运动人

① 黄翠，藏威，李国金，赵焕彬. 运动人体科学研究方法的现状及展望[J]. 中国组织工程研究与临床康复，2009，13(07)：1367-1370.

② 马卫平，覃立. 对我国体育学硕士论文中使用“调查研究方法”的分析与反思[J]. 体育科学，2007(12)：71-76.

③ 方千华，黄汉升. 我国体育人文社会学研究生学位论文研究方法的调查与分析[J]. 体育学刊，2007(02)：127-130.

④ 黄汉升. 体育科学研究的方法学探索——基于中国体育学 300 篇博士学位论文的调查与分析[J]. 体育科学，2009，29(09)：3-17.

体科学专业硕士学位论文分析，总结运动人体科学论文的研究习惯以实验为基础，以客观量化的数理统计为依据，以观察法、访谈法、文献研究法为辅助研究手段进行多种方法综合运用的研究①。

六、研究综述与评价

综上所述，国内外关于体育学研究方法的研究可以归纳为以下几点：

第一，体育学缺乏独立的方法体系的相关研究成果。方法体系多借鉴于母学科、成熟学科，这些之于体育学各个二级学科方法的适用性还有待进一步讨论。

第二，体育学研究范式的研究多以质性研究范式的概念、理论基础和研究策略为主，研究的范围主要在学校体育及体育人文等领域。但是，对于以实用主义为方法论基础的混合研究范式尚没有讨论的成果，尤其是混合研究的发展历程，混合研究与体育学整合的适用情境、设计模型以及评价等都鲜有涉及。

第三，在具体技术方面，定量技术多讨论问卷法，定型技术多讨论个案研究、田野调查等。但是对于文本分析、扎根理论、口述史等研究技术没有反思性的研究。

第四，对于学位论文的方法学应用讨论仅有 3 篇，分别针对体育人文的硕博士论文、体育学博士论文以及运动人体科学硕士学位论文。但是年代都较为久远，时隔十年缺乏对体育学博士论文的整体研究方法的反思性研究成果。

① 林华，夏雪. 1999~2009 年我国运动人体科学专业硕士学位论文分析[J]. 体育学刊，2010，17(11)：111-114.

第二章 概念界定

本书的讨论重点是科学方法及方法的规范性。因此要探讨科学及科学研究的概念,方法以及方法规范性的概念。此外,对于一项科学研究需要具有一定的理论贡献度,那么还要对理论的概念进行界定。

第一节 科学及其相关概念

科学是一种知识,也是获得知识的某种手段。知识没有正确错误之分,只是从解释力的角度来看,不同知识对客观现象的解释性有强有弱。那么,在界定科学之前,有必要对人类获得知识经验的途径进行总结。

一、知识经验获得的途径

科学是一种获得和生产知识的手段。那么我们研究人类获得知识的途径包括哪些呢?陈阳曾在《大众传播学研究方法导论》中总结出人类获得知识的途径来自个人经验、权威、传统和习俗、迷信以及他人和媒体[①](表1)。

① 陈阳.大众传播学研究方法导论[M].北京:中国人民大学出版社,2015.

表 1 知识经验的获取途径

知识经验获得途径	释义	举例
个人经验	日常生活中亲身经历的一手资料	牛顿被掉下来的苹果砸到了头,发现了万有引力定律;瓦特观察烧水壶,发现了蒸汽原理
权威	相信某些人说的话,他们占据某一领域的学术话语权	生病去医院,对医生的诊断及诊治处方深信不疑
传统和习俗	从祖先继承的知识	农民根据二十四节气与农耕相关的时间节点耕种劳作
迷信	对无法获得科学解释的事件的理解	究竟有没有地球之外的外星人。一些人身上的超常能力和灵异现象
他人和媒体	生产知识的个人和大众媒体	美国学者格伯纳的培养分析理论等

二、科学与科学研究

1. 什么是科学

科学的概念是从 12 世纪初期与神学概念相区别发展出来的。早期,对科学的理解多为与神学相对立的,是一种知识的思想①。随后,人们对科学概念的理解更加深入,提出科学即为知识体系。这一界定规定了科学是系统化知识的总和而不仅仅是零散的知识思想。但是,这一界定具有自身的先天不足,如按此种定义系统,哥白尼的“日心说”与托勒密的“地心说”都是科学的,这显然是荒谬的。可见,科学的本质不仅仅包括知识体系,还应当涵盖认识过程和研究方法。

科学学的创始人贝尔纳主张不要对科学下明确定义,他的观点是根据以往科学史的研究经验,科学是一种有待研究和叙述的程序,无法用定

① 吴岱明. 科学研究方法学[M]. 长沙:湖南人民出版社,1987.

义一劳永逸地固定下来一个单一体①。人们逐渐意识到,科学的定义要从科学本身的社会功能去找寻和分析。依据贝尔纳的提示,可以从以下三个方面对科学进行考察:第一,就理论方面进行考察。科学的基本任务是认识客观世界,揭示自然界、社会生活乃至思维领域中各种规律。第二,从社会活动中进行考察。科学可以看作是一种社会活动或一定形式的劳动社会分工。第三,从科学结论的实际应用角度进行考察。可见,科学是一种社会发展的实践力量。贝尔纳还提到广义的科学概念包括自然科学、社会科学、哲学等所有科学。狭义的科学专指自然科学。对于自然科学来说,也有广义与狭义之分,广义的自然科学包括科学与技术,狭义的自然科学专指基础自然科学。

《韦氏新世界大字典》对科学的定义为:“为确定研究对象的性质或原则,通过观察、研究和实验,所得到的系统化的知识。”这一界定应包含以下几个关键点:第一,科学是一种知识更是一种获得知识的手段;第二,科学知识和科学研究是系统的不是杂乱无章的;第三,科学知识和科学研究都是经验性的;第四、科学具有解释性的特征,科学知识和科学研究的目的在于掌握研究对象或事物的性质、事物间的关系以及规律。

综合以上对科学定义的讨论,可以将科学理解为在人类发展的历史上不断发展着的关于对自然界、社会生活和思维领域及其发展规律的知识体系,并且是一种获得这种知识体系的人类活动的特殊形式,在这一过程中,这一知识体系由于实际应用而转化为社会直接的实践力量。

2. 什么是科学研究

关于科学研究,中国教育部对科学研究的定义是:“科学研究是指为了增进知识包括关于人类文化和社会的知识以及利用这些知识去发明新的技术而进行的系统的创造性工作。”在自然科学领域主要研究 “物与人”“物与物”的关系;在社会科学领域主要研究“人与人”“人与物”的关

① 林作新. 研究方法[M]. 北京:中国林业出版社,2009.

系。科学研究是人们对未知的知识的探索,是对学说和原理进行不断检验的一种活动。在社会科学领域中,还需要对科学研究的客观性做明确说明。研究者具有个人情感和个人思想,不能用“客观”“不客观”来抬高或贬低,研究队伍成立、课题的选择、研究资料的获取与分析、结果的理解都具有个人特征。因此,在社会科学领域社会性更多地体现在标准化的研究程序,如对研究过程的把控,收集与分析经验资料的要求,报告结果的写作规范等。

三、科学的研究逻辑

美国社会学家华莱士在《社会学中的科学逻辑》一书中提出了“科学之环”的概念,其中矩形代表知识信息,椭圆代表方法控制,箭头代表信息转换(图1)。在示意图中可以看出研究路径包括两条:其一,研究者从现有理论出发形成研究假设,选取研究对象,采用不同的方法如调查、实

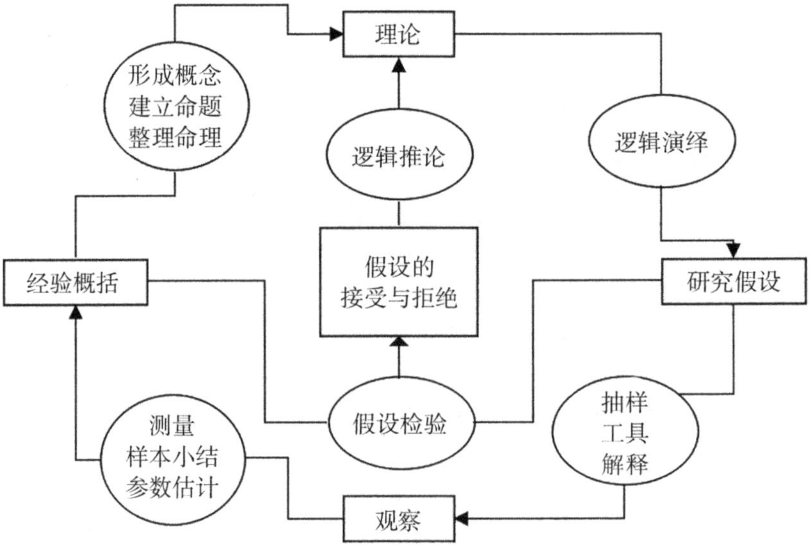

图1　科学之环

验等形成经验概括,实现对理论的支持、推翻或修正。其二,研究者从观察到的一手事实出发,形成经验概括并建构理论。在该理论基础上形成假设并寻求新的观察验证该假设。两种研究路径都极为重要,对于一般学科而言,应结合这两种研究逻辑①。

第二节　规范性及其相关概念

关于规范性研究的讨论最早来源于哲学领域。拉尔夫·韦奇伍德(Ralph Wedgwood)曾对规范性的内涵提出自己的见解,该见解得到了学界的普遍接受。他认为可以从三个角度理解规范。首先,规范可以认为是在某一领域充当标准的东西;其次,规范可以认作社会规范的东西;再次,规范是作为指导人们进行思考和行动的标准。可见,从本书的研究视角来看,规范性的理解应该属于第三个角度②。

第三节　理论及其相关概念

在科学研究领域,理论应服务于研究目的,实现了对可观察事物与自然或社会现象的理解。关于理论的讨论一般集中于理论是如何分类的,理论在科学研究中的功能以及理论的具体组成等。

---

① 仇立平. 社会研究方法[M]. 重庆:重庆大学出版社,2015.

② 赵聪妹,顾益. 科学理解有规范性吗?[J]. 东北大学学报(社会科学版),2021,23(06):8-13.

一、理论的分类

一般来说，可以将科学研究分为自然科学领域和社会科学领域，与之对应的理论可以归纳为自然科学理论和社会科学理论。如万有引力定律是典型的自然科学领域理论，它的发现也颇具戏剧性。一天，牛顿在苹果树下休息，看到一个苹果从树上掉下来而不是飞到天上去引发了他的思考，并最终发现了该定律。换个角度思考，若一个理论用来解释人类社会现象，那么这个理论就是社会科学理论。

二、理论的功能

对于理论的功能的理解，接受度较高的说法认为理论是对你前人知识的总结和积累。兹穆(Zmud)在此基础上对理论的功能进一步扩充，认为理论的继承者是在前人理论研究成果的基础上进行继承、发扬和完善。此外，还会利用先前理论形成构念，将新构念用于对新情境的解释[①]。

三、理论的组成

凯林格·拉博维塔(Kelinger Labovita)和哈格多(Hagedom)等人就理论的组成提出的“彩虹理论”。他们认为理论的最终诉求就是用自变量去解释因变量，可以将理论描绘为一道彩虹。从组成上来看，一个理论应包括命题、定义和一组相关变量。这组变量之间的关系使得命题代表了一个系统化的观点。基于这种观点，研究者可以用来解决自然或社会现象。

---

① 李佳川. 中国锻炼心理学研究方法应用现状与发展趋势研究[J]. 中国体育科技,2008(01):25-29.

国内学者蒋逸民为理论下了定义:“理论是由一系列具有内在逻辑联系的命题所构成,是关于各种事物或现象的系统性解释。”他认为一个理论应该包括三个必要结构:预设、概念和命题,分别对应理论的根基、砖块和框架。理论的预设用来表达理论的生存和应用条件,概念是文字或者符号表达出来的想法或名称,命题用来阐明两个或两个以上概念(变量)之间的关系。以这三部分内容构建的理论具备诸多特点,如理论的目的是揭示现象或事物之间的相互关系,这种关系是一种抽象化的理性认识。此外,一个完整的理论必须能够被真实地验证①。

本书中关于理论的概念界定,更加倾向蒋逸民的说法。认为理论是按照研究对象的类别可以分为自然科学理论和社会科学理论。根据适用条件提出预设,并在进一步辨析相关概念及其之间的关系后进行阐释。并且,一个理论具有生命周期性的特点,有其自身的产生、发展、完善及消亡的过程。

第四节 方法及其相关概念

关于方法概念的讨论,东方和西方有着不同的路径,但都有共同的发展特点:方法概念经过不断变化、丰富和完善,概念的理解也从简单到复杂,从一元到多元。我国古代对于方法的认识最早追溯到《墨子·天志》中,认为以“规”度量圆形之法称为“圆法”,以“矩”度量方形之法称为“方法”,进而衍生出“无一规矩,不成方圆”的说法。因此,“方法”具有“规矩”和“规则”的意思。欧洲关于方法的概念源于古希腊文,意为“沿着正确的道路前行”②。进入现代以来,“方法”一词被赋予更多的“主观

① 蒋逸民编著.社会科学方法论[M].重庆:重庆大学出版社,2011.

② 贾洪伟,耿芳.方法论:学术论文写作[M].北京:中国传媒大学出版社,2016.

能动”的色彩。表述也突出了主体(人)依据对客体(客观现象)发展规律的认识而为自己制订的活动方式和行为准则,是人类实现特定活动目的的手段或途径,是人接近、把握和改造客体的工具。换句话说,方法是人类认识世界和改造世界的方式、准则、程序、路线、工具、手段和途径。

有的学者认为方法是一个具有层级特征的概念,方法按照从高到低应包括哲学方法、一般方法和具体方法。哲学方法是具有普适性的抽象方法,如矛盾分析、逻辑与历史统一的方法等。一般方法是适用于各个学科的普遍方法,如系统法、归纳与演绎法等。具体方法是各门具体学科使用的方法,如人类学常用的田野调查法、历史学的历史文献研究法、图书情报学的文献研究方法以及训诂学的考证法等。

通过对东西方关于方法概念的内容梳理,本书对“体育科学研究方法”的概念界定为:在体育学科研领域中,对体育现象认识和解释所采用的工具、手段和技术,以及其明确的使用规范和流程。本概念的界定是考虑以下因素的:其一,注重与后续讨论的方法论相区别,方法论的层次性决定了方法更加侧重于具体的实施过程;其二,方法的内容应侧重程序化的行为方式,对研究活动的具体实施起到直接的指引作用;其三,方法应具有明确的流程化步骤,能够接受信度以及效度的检验。

第三章　研究设计

一项研究往往是一个系统性、连续性、积累性的活动。为了保证研究工作的顺利进行，应该对研究过程进行合理规划。在每一个研究阶段应该注意什么问题，容易犯什么样的错误，研究者在不同的研究阶段应该做什么都是本章要讨论的问题。

第一节　选题的确定

一、什么是一个好选题

对于一个选题来说评价标准应包括两方面的内容：理论贡献和实践意义。从理论角度来看，一个好选题应具有一定的知识贡献；从实践角度来看，一个好的选题应该具有改进实践、解决实际问题的意义。

但是，从不同的研究内容来看，选题也有不同的侧重。如要做一个关于体育哲学的研究，那么选题希望能够以小见大[①]。这里说的“大处着眼、以小见大”的“大”并不是指研究范围的大，而是研究的理论价值或实践意义的大。在实际的研究过程中，研究人员选择了一个较小的问题，但是这一关键问题得到解决之后其他问题就迎刃而解了，那么这个问题就

① 刘良华. 教育研究方法[M]. 上海：华东师范大学出版社，2014.

是个非常好的选题。如果要做一个体育调查研究或体育实验研究，那么选题必须有三个特征：有明确的研究、假设；变量具备可操作；研究设计巧妙。特征一要求在研究中应预先形成一个因果关系或相关关系的假设；特征二要求自变量应该是可观察的、可变的行为或心理因素；特征三要求一个良好的实验必须具有良好的信度和效度。

二、选题的主要来源

当研究者做一项研究时，选题来源于何处呢？伯克约翰逊曾提出，一项教育科学研究主要有四个来源：日常生活、实践问题、既往研究和有争议的理论问题①。

在平时的教学工作中采用何种教学方法或教学组织形式，学生的课业表现存在区别，为探求这一区别的原因而设计一项研究。

实践问题一直以来被认为是"赶时髦""追风"式的研究取向，但是不"赶时髦"、不"跟风"的研究也不意味着科学研究能够脱离实际生活。解决现实问题一直是科学研究尤其是社会科学研究的内在诉求和学科使命。但是，实践问题又容易沦落为经验总结、方案设计或对策研究。刘良华曾提出，在教育实践中可以通过以下方法实现实践问题到理论研究问题的有效转化：就实践问题开展实证研究、具有理论视角的实践问题研究以及用纯理论问题或哲学研究回应某一实践问题。

既往研究是在对先前相似研究的基础上发现问题。在文献研究综述的基础上，评论文章提出的问题可以作为自己研究的起点（表 2）。

---

① 刘良华. 教育研究方法[M]. 上海：华东师范大学出版社，2014.

表2　既往研究的选题获得思路

方法	释义	目的
重复研究	与先前研究者就相同的研究问题展开研究，将研究结论进行比对	对先前研究结果的验证
检验研究的推广性	如一项研究是在实验室条件下完成的，那么可以将该研究应用于实际的教学工作中，用来验证该方法在实际生活中的推广度	对先前研究外部效度的检验
提高研究因果关系的准确性	如一项多个变量影响的实验研究中，由于某一或多个变量缺乏控制，会导致结果解释的模糊性	对先前研究内部效度的检验
对冲突结论的协调	在一项先前研究的多个结论中，发现会有矛盾现象的出现。这些矛盾会引发一个新的研究来解决它	找出相互矛盾结论产生的原因
对未来研究的建议	先前研究中一般会在研究的结论与建议部分提出未来研究的建议，可以作为自己研究的选题	在未来建议中寻找合适的选题

有争议的理论问题要求研究者在阅读相关文献中寻找选题灵感。首先需要在期刊论文、专著以及学位论文中穿梭。期刊论文具有相应的前沿性，学位论文更具有规范性、学术感，专著更加成体系。因此，在不同的文献中穿梭能够帮助研究者扩展选题视野。同时，留意不同作者之间的学术分歧。一个选题如果在不同的学者的视界中具有矛盾和分歧，往往说明其具备研究价值。因此可以在实际的研究工作中，寻找这些矛盾和分歧，寻求个人的研究视野。

第二节　研究过程

一、研究过程的组成

研究过程是一个系统化、全面化、程序化的过程，应包括明确的几个环节：概念化、研究设计、资料收集、资料分析、报告成文以及研究总结①(图2)。

图2　研究过程流程图

1. 概念化

在讨论具体的概念化之前，往往要谈到研究的三个根本目的：探究、描述与解释。探究性研究适用于对于尚且不熟悉的问题展开讨论，该议题往往比较新颖，一般用于三类主要的目的：其一，满足研究者的好奇心以及对议题了解想更进一步；其二，探究某一议题进行进一步研究的可行性；其三，丰富后续研究中可能会使用的方法。描述性研究是常见于人类学和社会学，用来回答"什么时间？在哪里？发生什么事件？"等问题，与普通的非科学性研究相比描述会更加精确，如常见的大型人口普查，就是通过人口数据的整体描述来深入了解人口特征为政策制定提供数据支

① 蒋逸民编著．社会科学方法论[M]．重庆：重庆大学出版社，2011．

撑[1]。解释性研究用来说明“为什么”的问题,通过对事件、群体的调查与观察,深入回答外部现象背后的因果机制。

概念化的工作是在明确该项研究的根本目的之后需要解决的问题。因为在概念化的观点提出之前,人们已经为不精确的言语付出了很多代价。在日常生活环境中交流使用的词汇往往是模糊的,概念界定不清晰的。在该阶段,能够将研究中使用的专有名词指定明确的、共识的意义。艾尔・巴比曾提出一个专有提示方法——“概念次序”,用于实现将个人感兴趣的研究问题逐渐缩小为一个清晰、具体、可操作的问题。在概念次序中,分为“概念化—名义定义—操作定义—现实世界的测量”四个步骤[2]。

2. 研究设计

在研究设计阶段,需要对整个研究过程作出完整、全面、细致的规划。一方面实现将抽象的概念转化为可以测量的变量;另一方面还需要确定分析的单位和观察对象、时间维度等。

从观察对象的角度可以理解一项研究的分析单位,艾尔・巴比曾提出社会研究中的分析单位可以是个体、群体、组织、社会互动以及社会认为事实。个体是最常见的研究单位,在描述性的研究中对个体的研究能够完成描述个体组成的群体研究,在解释性的研究中能够映射群体运作的社会动力。在以群体为观察对象的研究中可以根据其中个体的属性将群体进行分类,如按照成员的年龄、家长的受教育经历来描述一个家庭,还可以通过同僚、夫妻、地区等对群体进行划分。正式的社会组织也是常见的分析单位,一个企业、高等院校抑或是一个军队团部等[3]。还可以将一个企业中少数民族成员作为一个研究群体。社会互动也是特殊的群体

① 〔美〕艾尔・巴比. 社会研究方法[M]. 邱泽奇译. 北京:华夏出版社,2018.
② 〔美〕艾尔・巴比,社会研究方法[M]. 邱泽奇译. 北京:华夏出版社,2018.
③ 〔美〕艾尔・巴比. 社会研究方法[M]. 邱泽奇译. 北京:华夏出版社,2018.

研究对象,如对非个体人类之间的电话沟通、辩论、参加课余文体活动以及发送电子邮件等都属于社会互动的范畴。此外,还有社会人为事实也可以作为研究单位,它是指人类的行为或是行为的产物,如文艺创作作品、汽车、陶器,乃至学生缺考的理由等。

从时间维度上看,一般可以将研究分为横向研究和纵向研究。横向研究关注多个研究对象在同一时间点上的状况,经常用于对不同对象在同一时间点上差异的研究。这个时间点多见于一天、一周或一个月这样比较短的时间。在一般的研究设计中,横向研究多见于探索性和描述性研究。纵向研究一般用于探究一个研究对象在不同时间点上的差异,进一步揭示其自身发生发展的规律①。与横向研究相比,纵向研究更加擅长描述变化的发展过程,如常见的趋势研究和代群研究等。

3. 资料收集

在完成研究对象、内容和方法的确定之后,就开始资料的收集工作。资料的收集可以根据研究议题的不同和研究者的擅长进行范式和方法的选择。一般来说,可以将资料的收集分为直接收集和间接收集②。直接收集是社科领域常见的资料收集方式,致力于与研究对象的直接接触来获取特征数据,如常见的问卷法、实验法、观察法和访谈法等。此外,还有一份研究是从间接文献入手,如各种文件、出版物、档案、信函等中提炼研究思想。在数据收集过程中还有一项极为重要的工作,就是抽样,该部分的内容将在第三节做具体介绍。

4. 资料分析

数据与信息的关系是,数据是信息的载体,信息是需要从所得数据中提炼得出的。当完成了数据的收集工作后,就会马上开展数据的处理和

---

① 〔美〕格雷维特尔等. 行为科学研究方法[M]. 邓铸等译. 西安:陕西师范大学出版社,2005.

② 李方. 现代教育研究方法[M]. 广州:广东高等教育出版社,2004.

分析工作。一般数据的收集方式会决定数据的分析方式,可以分为定量数据分析和定性数据分析。

定量数据分析涉及大量数字,在计算机普及之前数据分析工作是靠人工实现的,工作量巨大并且准确率也难于保证。后来随着计算机技术的普及,当今研究人员使用各种数据处理软件来处理定量分析数据,如SPSS、SAS、Stata 等。在具体操作层面上,要完成数据的编码和编辑工作。编码用于实现将问卷中的原始信息转录为计算就可以识别的形式,如性别选项中将“男”编码为“1”,“女”编码为“0”。可见,编码可以实现选项类别的确定,从而提高数据运算速率。但是也需要清晰地理解,没有绝对正确的编码体系,如在封闭性问题中编码的准确率较高,但是对于开放性问题的编码来说,由于答案理解的差异性会出现编码困难的问题。

定量数据分析分为描述性统计分析和推论性统计分析两大类。描述性统计分析用于对数据基本面上的描述,即“是什么”的问题,如一个研究群体中男女性的比例分别是多少。描述性统计最常用的统计量为平均数、中值、众数、标准差以及方差等。推论性统计主要用样本推断整体情况。因为在实际的研究中存在抽样的情况,所以只能通过样本的统计数值和抽样分布信息去对总体数据做以推论。需要研究者特别注意的是,推断统计的适用条件包括:其一,在概率论的基础上进行讨论;其二,样本和总体须为正态分布;其三,从总体中获取样本的方式是随机的。常见的推论统计分析包括假设检验和参数估计的方法。

定性数据分析与定量数据分析相比差异较大,因为定性研究与定量研究的研究逻辑截然不同。定量研究是遵循演绎逻辑,根据现有理论提出研究假设,然后收集并分析数据从而实现对假设的证实和证伪。定性研究却遵循归纳的逻辑,从搜集到的大量的资料出发,对庞大数量的资料进行编码、分类和提炼,从而实现一般的理论性的解释。归纳逻辑的起点是复杂、存在大量冗余的资料,该范式分析的特点就是将复杂的数据分解成组成部分,再进行下一步的编码、删除、类别化以及重构[①]。该过程能够对数据有深入理解和认识,对研究问题的认知从具体到抽象,认识更加明确,实现对假设的反复检验。在定性研究过程中,研究工具就是研究者本身,研究者需要摒弃原来的思想和观点,以免对研究过程产生不良的影响和干扰。对于新手来说,编码可能是最困难的一个环节,因为与定量研究编码不同,定性研究编码是"深化认知和形成理论性解释"的初级步骤,当面对纷繁复杂的一手资料时,新手往往会感到力不从心。定性研究编码需要在复杂的数据中寻找意义单元,并再建构出概念和主题的关联程序。编码的方法有很多,比较常用的如扎根理论的三种编码方式:开放性编码、主轴编码和选择性编码。此外,在编码过程中还能采用持续比较策略和分析性归纳策略。

5. 研究总结

研究的总结阶段需要完成两项基本工作:对研究结果数据的解读以及撰写研究报告。解释和报告是一项研究的结束形式,因为研究的目的就是探索知识、阐述理解并在寻求真理的过程中将研究结果公布于大众,将结果推广从而实现课题研究的社会效益[②]。

从对结果的解释来看,定量研究与定性研究截然不同。因为定量研究在数据的分析阶段不存在对数据的解释,需要在研究总结的阶段实现对问题的进一步探讨。如需要对统计方法的局限性进行详细说明,并进一步说明会带来哪些后果。还需要说明是否对原有的研究假设实现了有效地验证,如果"是"会产生何种深远的意义;如果"不是",还需要解释个中缘由[③]。定性研究的资料解释贯穿在数据分析的阶段,因为定性研究的归纳是建立在解释机制上的归纳。正是由于该过程存在交互性,研究者将自己作为研究工具在收集和分析数据的同时完成数据的意义赋予。

---

① 周德民等主编. 社会调查原理与方法[M]. 长沙:中南大学出版社,2006.

② 陈国明等. 传播研究方法[M]. 上海:复旦大学出版社,2011.

③ 郝大海. 社会调查研究方法[M]. 北京:中国人民大学出版社,2015.

同时,定性研究的总结还需面对一个问题,就是对研究问题初步解释的重构。因为开始的预设可能不够严谨,在资料的进一步收集和整理过程中随时会发现新的主题、关系和命题①。如果发现获得的解释不够完整和恰当,就需要进一步地修正,用新收集的数据进行检验,从而最终获得一个有效的解释。

报告的形式是多样的,如期刊论文、学术性研究报告、专著以及学位论文等。其中期刊论文的权威性以及效率性是最高的,一般来说期刊论文会经过投稿以及同行专家匿名评审,其权威性、规范性和贡献度能够较大程度地得到保证,并且实效性和间接性特征也比较突出。学位论文与期刊论文相反,字数较多、篇幅更长,内容更加全面,更能凸显完整性而非效率性。学术性研究报告处在期刊论文和学位论文之间,即完整性与效率性的两个极端之间。虽然研究成果的呈现形式很多,但是报告的呈现一般要遵循同样的体例。基本报告的组成部分包括:引言与导论、研究综述、研究设计与方法、研究结果以及结论与建议。

二、如何撰写研究计划

形成研究计划是开展一项工作的前提。研究计划的制订能够要求研究者对整个研究过程进行详细的计划、梳理、进行深入思考并形成一份书面文件。在该文件中,研究者综述已有的文献资料,确定研究的主题领域以及明确研究问题。此外,还要明确解决研究问题所采用的工具、具体的程序等。

一个详细的研究计划应该包括几个必备的内容:引言、研究方法(研究样本、设计、具体操作程序以及数据获取和分析)和程序。

引言部分主要用来介绍个人的研究想法,并明确该想法的重要性及

① 〔英〕阿克塞等.社会科学访谈研究[M].骆四铭等译.青岛:中国海洋大学出版社,2007.

其潜在意义。在引言部分中还需要对研究主题进行概述,明确说明该主题的重要意义。有专家曾就该问题提出建议,认为可以采用以下几种方式来论证研究主题的重要性。其一,可以通过引用数据或有影响力的组织或学者的观点来显示本人意欲研究的主题是与大众生活密切相关的。其二,通过呈现生活中的真实案例对主题的重要性加以论证。当对研究主题重要性进行详细论述之后,需要对现有文献进行梳理并形成文献综述。文献综述部分要回答两个问题:其一,现有文件是研究者的研究起点,那么研究者意欲研究的内容是如何融入先前研究的;其二,需要证实研究者想要开展的研究为什么是重要的,是对先前研究不足的修正抑或是拓展了其他研究者的研究领域,具有更深入的理论贡献和现实意义?

方法部分是研究设计的重中之重,在该部分中要说明采用何种具体的行动来完成研究者的研究目标。在这一部分中,首先要说明如何获得研究样本,样本基本信息的描述,采用的具体研究技术以及收集和分析资料的方法。研究样本也叫研究的参与者,是实际参与研究的个人。在研究计划中要对研究样本有明确说明,如他们的年龄、性别特征以及他们为何入选本人的研究(自愿或者是有报酬的)。其次要明确其设计方案,该部分用来解决研究问题的计划或策略。如果是定量研究,需要在这一部分明晰自变量与因变量以及之间的层次关系。如果是一个混合研究,需要在这一部分明确混合的设计模型,混合的时机,定量与定性部分样本的关系等。再次,是研究工具的选取与确定,包括各种研究量表(现有或自行设计)、使用到的仪器、培训被试的小册子以及访谈及观察程序等。

程序部分是对研究设计的步骤描述。无论是实验研究还是调查研究都需要在该步骤展示样本如何分组、收集哪些数据、何时何地完成数据收集。当将所需数据都集合完毕后,就需要统计这些数据。具体的数据处理方法与研究范式关系密切,定量、定性与混合研究的数据处理方式也不尽相同。

第三节　抽样

一般情况下,需要对某一现象展开研究最理想的状态是对每个个体都进行对应的研究,但是由于受到时间、资金、人员成本的限制,全样本的研究往往是不可行的。为了解决该问题,研究者提出了抽样的设想,意欲用有代表性的样本来研究总体。

一、抽样的目的

当研究样本的数量巨大时,考虑研究经费与时间,研究者通过抽样获得少部分的研究样本,用于样本的研究结果推论总体情况。这样做的结果就是,利用较低的研究成本获得了较为准确的研究结果。抽样的思想与日常生活息息相关,如厨师在炒菜时尝一口菜就能判定整道菜的咸淡,医生通过抽血化验就能了解患者身体血液的总体情况等。通过上面的几个例子,可以了解到抽样的目的是获得有代表性的样本。同时有代表性的样本具有几个典型的特征:样本与总体的分布、均值、变量之间的关系相同。

二、与抽样相关的概念

与抽样这一过程相关的概念有总体、抽样框、样本、抽样、参考值、统计值和抽样误差。

1. 总体

总体是构成它的全部单位或元素,元素是组成整体的最基本单位。

比如研究者要对2022年北京冬奥会的中国代表团进行研究分析，那么代表团的每个成员构成整体的元素，而整个代表团就是研究的总体。

2. 抽样框

抽样框也叫抽样范围，是研究人员在对总体进行操作时描述出的一个相当近似总体的特定名单。在抽样框中对总体的时间、地点和对象进行了限定，也有专家称抽样框为“花名册”。抽样框的确定是至关重要的，如果抽样框的确定与总体的概念定义之间出现不一致的情况，往往会产生误差，即当抽样框和总体之间的匹配度不足就会产生无效的抽样。

3. 样本

样本是从总体中按照某种方法抽取出来的一部分元素的集合，是总体的一个子集。如在一个国家的体育代表团中抽取200名运动员进行兴奋剂检测，那么这200名运动员就是该国家代表团总体的一个样本。

4. 抽样

抽样，就是从总体中抽取样本的过程。抽样的目的在于准确、高效地挑选总体的部分作为代表。通过这种局部性的研究得到足够可靠的资料用来说明整体，实现样本到总体情况的推断。为了保证后期推断的正确性和可靠性，抽取的样本必须具备整体的代表性。

5. 参考值

参考值，也叫作总体值，表示对总体某一变量的总体描述，一般用该变量的平均值来表示，但是需要注意的是如果想获得参考值，那么需要对研究总体中的所有样本进行测量。

6. 统计值

统计值，也叫作样本值，表示样本中某一变量的综合描述，是相关参数值的估算量。在统计学研究领域,抽样的目的就是用样本值去估计并推断总体值。但是在实际操作中,采用不同的抽样方案会得到不同的样本,所以抽样的目标就是使所抽取的样本的估计量尽可能地接近总体的参数值。

7. 抽样误差

当用样本的统计值去推算总体的参数值时总是会产生误差,这种误差就是抽样误差。抽样误差是衡量样本代表性的重要标准,它的产生受到两个重要因素的影响:异质性和样本大小。异质性表示总体之间差异性的大小,其值越大抽样误差越大。而样本容量与异质性相反,其值越大,抽样误差越小。

三、抽样分类

按照是否遵循随机原则可以将抽样分为概率抽样和非概率抽样(表3)。概率抽样以概率论为基础,总体中每一个对象被抽取的概率是一样的。如果在总体中原先占比多的那一部分被抽中的概率就多,原来占比少的部分被抽中的机会就少。这样,被抽中的样本就能比较好地代表总体。概率抽样的优势主要体现在能够用数学统计的方法客观评价研究结果的精确程度,所以这种抽样方式在体育学定量研究中得到广泛应用。

表3　概率抽样与非概率抽样

维度	概率抽样	非概率抽样
是否随机	是	否
基础	以随机为原则; 依据随机化程序完成; 抽样误差可控制、可计算	不重视样本的代表性; 关注样本如何真实地反映社会生活; 个案、事件或行动的丰富性
常见抽样类型	简单随机抽样、分层抽样、系统抽样、整群抽样	方便抽样、主观抽样、定额抽样、滚雪球抽样

1. 概率抽样

概率抽样的基本逻辑不难理解,就是从总体中抽取出具有代表性的样本实现对总体的描述。如果总体同质性较强,即总体中的所有成员在人口特征、态度、行为乃至经历等都高度一致的话,那么无须对多个样本进行研究,仅研究一个样本就能实现对总体的描述和理解了。但是,事实上情况却异常复杂,总体往往充斥着异质性高的个体,个体与个体之间往往存在各种天然的差异。那么,概率抽样的底层逻辑就是需要对总体进行准确地描述,那么抽取出的样本必须具备总体的所有差异化特征。

常见的概率抽样就是简单随机抽样。该抽样方法假设总体包括 N 个个体,从中逐个不放回地抽取 n 个个体作为样本($n \leqslant N$),并且要求满足以下条件:每次抽取时各个个体被抽到的概率相等。简单随机抽样的适用情境是当总体容量较小时可以使用该方法,每个个体被抽取的概率为 n/N。简单随机抽样可以使用抽签法进行抽取,包括四个步骤:编号、制签、搅匀和抽取。如希望从一个 60 人的班级里抽取 20 名学生参加公开招聘试讲培训活动。可以采用简单随机抽样的方法来实现。首先,对 60 名学生进行编号,从 1 至 60,然后在随机数表中任选一个数作为开始(表述行以及列位置),从选定的数开始按选定的方向读取号码,取满为止。注意,此过程中如果发现重复随机数或者不在号码范围的需要舍去,最后根据选定的号码抽取样本。

分层抽样也是常见的概率抽样策略。如为了解决以下问题"需要了解本区高三年级 11000 名学生的语文学习情况,其中市属重点中学 2000 人,区属重点中学 5000 人,其他学校学生 4000 人"。研究者需要对 220 名学生的某一指标进行调查,那么抽取的方案如何实施呢?这类问题具有一定的代表性,就是当一个总体中样本的差异较大,又具有比较明显的类别化倾向,为了更充分反映总体的情况,可以在类别里按照所占比例分别抽取。该种抽样叫作分层抽样,类别叫作层。从操作层面来看,首先要明确某种特征分层;其次根据总体容量 N 和样本容量 n 确定抽样比 k(k

为 n 与 N 的比值)；再次，根据抽样比确定各层需抽取的样本数；最后对各层完成简单随机抽样。需要注意的是，如果在实际使用中发现不能取整，那么可以取它的近似值。

此外，整群抽样也是常见的概率抽样。整群抽样与简单随机抽样最大的区别就是，简单随机抽样适用于小样本，而整群抽样适用于较大样本。整群抽样先将整体分为几个均衡的部分，而后按照预定的规则从每一个部分中抽取一个样本，得到所需样本。整群抽样也叫等距抽样。

从以上的论述中能够看出，虽然分层抽样和整群抽样的适用情境不同，但是都是以简单随机抽样作为基础的。

2、非概率抽样

非概率抽样是与概率抽样相对的一种抽样方式，该抽样方法不像概率抽样一样建立在概率判断的基础上，而是依靠研究者的主观判断或依据便利性的原则抽取样本。在非概率抽样过程中，研究总体的每一个样本被抽取的概率很难计算。在概率抽样被广泛运用以前，人们是习惯于用非概率抽样的方式完成总体估算。实现了在一定条件下根据样本对总体做出大致估计，但是很难做到判断该估计是否无偏或者证明误差的大小。常见的非概率抽样包括便利抽样、判断抽样、定额抽样和滚雪球抽样等。

便利抽样也叫随意抽样，是调查者利用现有的名册等资料抽取样本或者利用偶遇的方式选取样本。这种操作虽然简单易行，但是由于名册不全、异质性个体等原因会导致抽样框与总体不一致。或者出现另一种极端情况，抽取出的样本只限于某些特殊类型的个体，如在不同路口过马路的行人在人口信息方面存在较大的差异，从而导致样本代表性不佳、偏差过大。需要特别注意的是，虽然随意抽样与随机抽样只有一字之差，却存在本质上的区别。

判断抽样也叫立意抽样，是指研究者对个人研究领域非常熟悉，可以通过自己的经验和对样本总体的了解有意识地选取“有代表性”的样本。

这种方法比较适用于总体个体较少，但是内部异质性大的情况以及总体的边界不好界定或者研究者的时间、精力、物力等非常充裕的情境。判断抽样的历史较为久远，最早是在1895年由挪威首任统计局局长凯尔提出并积极实践，他对样本的代表性和样本容量关系的理解独具特色，认为获得样本的方式比追求样本量的大小更能体现样本的代表性。如研究者想做一个北京游客的相关研究，可以选择八达岭长城、故宫、颐和园、798艺术区作为调查区域。但是，同时我们也应该看到依据个人经验以及已经掌握的讯息进行判断虽然能提高效率，在一定程度上能避免产生极端的偏误。但是，这种方式充满了主观主义色彩，不同的研究者理解会有所不同，主观随意性很大，尤其是调查结果的评估很难有客观的标准，误差也不好控制和计算。因此，结合实践来看，采用判断抽样获取一个有代表性的样本群体是非常困难的，因为需要研究者预先对总体所有个体做出是否具有代表性的判断就是一件很困难的事。

滚雪球抽样是一种特殊情况下采用的非概率抽样方式。如果研究者在研究之初并不能清楚研究总体的界限，仅仅能找到零星几个研究样本进行调查的话，这种抽样方式就非常合适了。首先对零星几个样本施行访问，再根据他们在访问过程中提供的线索“顺藤摸瓜”找到符合研究兴趣的其他样本继续访问，使得样本数量逐渐增加，访问内容更加丰满。这种抽样方法如同滚雪球一样，将雪球由小变大，直至达到一定的容量大小，满足研究者的需求。当然，这种抽样方式的适用范围情境比较狭窄，多用于总体信息不足，研究总体界限无法界定，可获得样本稀少的情况下。从调查投入的费用方面来看，一般耗费不多，但是样本极易产生偏差。

第四节　测量

在体育科学的研究领域中，经常需要测定各种变量。所谓测量就是“根据某种法则赋值于物体或事件之上”，即使用一把“事先设计好”的尺子去度量人或事。该赋值过程具有对象、标记、符号和规则四种基本要素。其中，对象是研究者的兴趣所在，是要研究的事件或物体；标记是被测量对象的某种特征记号，如性别、年龄、肺活量等；符号表示对象具有的某种特征记号，如35岁的年龄、182厘米的身高等；规则是指分派各个符号到各类事物上的标准和方法，比如百分制的分数、李斯特量表的等级等。

在自然科学领域，测量的客观性是比较好保证的，可以通过严密的设计来保证获得精确的测量。但是，在社会科学领域这种客观性就会遇到很大的挑战。因为，在社会科学领域的研究中难免会夹杂个人的价值观、情感和意志的影响。在社会科学研究中还存在着大量的研究者与受访者的互动，如果这一过程存在差异，研究结果也会随之产生变化。此外，社会科学研究对象无论是人还是社会现象，本就极其复杂，重复性低，量化难度极大。自然科学研究却与之相反，其研究领域为稳定的自然界，量化难度较小①。

一、测量层次

按照变量取值的性质，可以将测量划分为定类测量、定序测量、定距测量和定比测量。定类测量是按照变量范畴或变量取值的类型测量变量

① 蒋逸民编著. 社会科学方法论[M]. 重庆：重庆大学出版社，2011.

的特征。不能做任何的数学运算,只能做等于和不等于或者属于和不属于,即一个对象只能属于其中的一个类别,如性别的界定。定类测量中各个类别是互斥的,如一个人的性别只能选择“男”或“女”。此外还要注意定类测量中类别还要穷尽所有的可能性,即任何一个变量值都能够被归类。

定序测量测量变量所属的各种类别之间存在质量上或数量上的比较关系,即具备次序或等级的关系,会体现出大小、多少、高低、强弱等变量特征。如可以用定序测量测定人的学历特征(文盲、小学、初中、高中或者中等职业教育、大专、本科及以上)、成绩特征(不及格、差、中、良好、优秀)以及态度特征(强烈同意、同意、中立、不同意、强烈不同意)等。定序测量也不能进行数学运算,最多能够表示高低次序等级的区别。

定距测量不仅具有类别和等级的特征,还可以确定变量的数量差别和间隔距离,在数学特征上定距测量具有等于和不等于、大于和小于,还能进行加、减运算。如可以用定距测量来测量年龄、智商、出生年份、气温等。如可以根据“A 地比 B 地气温高 3 摄氏度,B 地比 C 地气温低 3 摄氏度”,推断出“A 地和 C 地气温一样高”的结论。

定比变量的层次是最高的,即它不仅包括了定类、定序、定距三种测量的数学特征(=、≠;>、<;+、-),还能进行乘除运算。如可以用定比变量计算各个类别出现的频率,还能计算平均值如平均年收入、平均收视率等。

二、信度与效度

在体育科学研究领域,任何一种系统、精确地收集资料的方法实际上都是一种特定形式的测量。对于任何一项测量工作而言都会涉及一些基本的问题:测量所得的结果是否是研究者的兴趣所在?如果测量的时间、地点或者研究者发生变化后,研究结果是否能够保持一致?这些问题都指向测量不可避免讨论的问题——信度与效度。

1. 信度

信度一般是采用相同的测量手段重复测量同一对象取得结果的一致程度。比如研究者采用同样的问卷工具测量一个团体的凝聚力程度，如果经过多次测量结果相同，那么可以推断出该测量的信度高；相反如果多次测量的结果不尽相同，那么说明该项测量的信度较低。就比如我们用一个公平秤去测量一个物体的重量，如果称了几次结果都一样，那么可以认定该公平秤信度高，如果测量了几次结果都不一致，那么该公平秤的信度较低，结果不可信。一般来说，常用于研究信度的方法包括重复法、相似法和独立评判法三种（表4）。

表4　常见信度测量方法

信度测量方法	释义
重复法	在相同条件下，采用相同研究设计与方法进行两次以上的研究工作，根据两次测量的结果计算出相关系数
相似法	通过对类似或同质研究结果的比较分析判断研究的可信度
独立评判法	此法为研究者独立性评判，需要让两个或两个以上的研究者对同一组研究被试开展研究工作，比较两个研究者的研究结果

那么在研究中，信度会受到哪些因素的影响呢？一般来说信度会受到各种随机因素的影响，如主试因素、被试因素、研究设计与实施因素等。如在研究设计方面，研究材料抽样不当、题目或测试过少、问卷问题表述不明等都会造成信度降低。如主试在研究实施过程中不严格按照实施程序执行，制造紧张情绪或对某些被试特别照顾、帮助，乃至评价主观等也同样会降低研究的信度。此外，研究被试的不同身心健康状况、对待研究的态度以及个人的动机、注意力、持久性等个人因素同样会影响研究信度。

由于研究误差的存在，实现绝对的测量信度是不可能的，但是在日常的研究设计中可以通过以下方法提高研究信度：采用多种指标来测量概念、在大规模测试前进行小范围的试测以及在开始进行研究设计时就考虑信度提升问题。

2. 效度

研究效度是指测量工具能够准确、真实地测量事物属性的程度。效度取决于两个因素:其一,测量指标与所要测量的变量是否吻合;其二,测量结果与该变量的真实值是否接近。如果数值一致或接近,则该测量具有较高的效度。如当研究者对学生进行某一学科的测验,如果考试题目不能真实反映学生的实际学习情况或者测验结果远高于或低于学生现实水平,那么这项研究就是无效的,并不能反映学生的真实学业水平。在常见的研究设计中,效度检验可以分为三类:表面效度、准则效度和构造效度(表 5)。

表 5　常见效度测试类型

常见效度测试类型	释义	举例
表面效度	测量内容与目标之间的适切性和相符性	可以用“领导是否由群众推选产生”以及“群众能否随时随地找领导提意见或要求”来测量民主这一变量
准则效度	以某一次测量的结果为基准,评价与之相关的另一测量的有效性	评价汽车驾校笔试成绩的效度,要看考生毕业后的实际驾车技术(如事故发生率),如果这两个测量之间的相关性较高,说明该汽车驾校的笔试成绩是有效的
构造效度	借助某种理论假设所设计的测量工具进行测量的结果与该理论假设的吻合程度	常常在理论研究中使用,通过对理论假设的验证来证明某种测量工具的有效性

影响效度的因素有哪些呢?一般来说可以分为四个类别:与被试有关的因素、测量与具体研究方法方面的因素、研究构思与程序设计因素以及实验条件与不同因素之间的交互作用。

3. 信度与效度的关系

信度与效度是既相互联系又相互区别的。效度要求以信度为基础和前提,有效的测量必须是可信的测量,不可信的测量必定是无效的。举一个例子,研究者用同一份问卷测量一个小团体的凝聚力程度,如果接连几次的测量结果差别巨大,换句话说就是测量无法保持大致的一致,那么用这份问卷测量的结果就是不可信的。因为一项研究没有信度就不应继续讨论效度,只有当测量结果满足基本的信度要求时才能进一步考察效度问题。但是,还需要注意的是信度只是一项研究的必要条件而不是充分条件。信度高不能代表效度高,信度能够解释资料的真实性和可靠性,但是不能解释该项研究与研究对象的关联程度。如果测量的题目都是与小团体凝聚力程度不相干的问题,那么即使信度再高测量结果也不会有用。总之,一个优良的测量应该兼具良好的信度和效度,只有这样才能保证材料及研究结果的可靠及有用。

第五节 研究伦理

伦理是规范研究者捍卫所珍视事物的原理和准则。学术伦理一般来说具有三种不同的立场:道义论、伦理怀疑主义和功利主义。道义论认为研究中要以一定的准则来评判,一些行为是不道德的,那么在任何情况下都应该避免。如波姆林曾指出在研究中不能采用任何欺骗行为,因为该行为是违背道义的。在研究过程中会对被试撒谎,是对知情同意原则的违背。伦理怀疑主义更加关注个人的良心问题,研究者应该去做本人认为是正确的事情,避免去做个人认为违背道德的事情。功利主义认为一项研究的伦理要考虑研究对个别被试产生的后果以及研究结果带来的最大收益。换句话说,在该种立场角度来看,伦理是在通盘考虑研究可能产生的潜在利益与成本后所做出的决策。在笔者看来,研究者不管是采取何种立场,研究伦理都不应该是强加于研究团体之上的道德命令,而是应帮助研究者决定如何制订合乎道德研究的一系列原则。

一、伦理领域

研究伦理作为一套规则,规定指导了研究者开展合乎伦理的研究,丹尼尔曾提出在社会和行为领域研究者关切的伦理领域包括:社会与行为的关系问题、专业问题以及对待被试的方式。

社会与行为的关系问题主要着眼点在社会关注的问题以及文化价值在何种程度上来指导研究过程。比如,在社会研究领域对儿童教育与发展问题的热衷就体现出社会各界对该问题的关注度。

专业问题主要涉及学术不端的情况,美国科学技术政策办公室曾对学术不端行为做了界定,认为在“申请、实施、评审或报告研究结果时出现的所有伪造、篡改和剽窃行为”都归为学术不端。我们可以认为寻求真理与任何形式的欺诈行为是相对立的,研究者不诚实地伪造或篡改数据或呈现研究成果用以支撑自己的研究结论都属于学术不端行为。

如何对待研究被试是研究者所面临的最基本问题。以人为研究对象的研究可能会造成潜在的生理或心理上的伤害。早在 20 世纪 60 年代之前,关于研究伦理问题的讨论几乎是不存在,之后关于研究的伦理问题才得到应有的重视。也有一些报告显示,哪怕是在 1996 年关于食品药物的相关研究还存在着研究被试对参与研究危害不知情的情况。

二、与人相关的伦理准则

在研究过程中,大部分的研究者都能注意到研究的伦理问题,但是新手研究者虽然会积极尽力地使自己的研究合乎伦理,但是也容易因为经验不足而出现欠考虑的情况。美国多个研究组织如美国教育研究协会、心理研究协会、儿童发展学会以及咨询协会相继提出了各种与人类相关的伦理准则。将与人相关的伦理准则作以归纳，至少应包含以下六个维度：知情同意、未成年研究被试、欺骗、自由退出机制以及保密、匿名和隐私概念。

1. 知情同意

在美国联邦法规与教育学会准则都要求研究被试必须给出知情同意书才能参加研究工作。在知情同意书中，要对以下内容做出详细描述（表6）。

表6　知情同意书的内容维度

知情同意维度	释义
研究过程	研究目的、程序、研究消耗时间等 被试可能遇到的生理或心理上的不适 研究结果的保密程度
退出机制	联系名单及联系方式，有需要时被试具备询问的基本权利 自愿原则，被试可随时退出研究
报酬标准	如果研究是有偿的，补助发放的标准也要明确

此外，在一些极为特殊的情况下是允许省略知情同意的，如：研究被试的身份是完全匿名的，同时该项研究的危险性极低、研究被试的文化程度限制无法完成知情同意书以及签署知情同意书会使被试遭受法律、经济或社会的危险等。

2. 未成年研究被试

联邦法律规定未成年为研究被试的研究需要首先获得监护人签署的知情同意书，而后得到未成年被试的准许。当未成年被试具有必备的能力用于表达本人意愿的时候，需要获得他或她本人的同意。那么，多大年龄的未成年人具备该种能力呢，其实也是因人而异的。通常来说，9岁的儿童一般具备做出参加研究的决定，超过 14 周岁的儿童能够像成人一样做出个人判断。因为，我们有理由相信，如果一个未成年人明确表示不想参加研究但被迫参加后，有可能降低研究的效度，从而对数据的收集工作造成干扰。

3. 欺骗

还需要注意的是有一些研究比较特殊，如果研究被试完全知情的情况下，会影响研究过程及结果，就需要在研究工作开展之前采用一定程度的“欺骗”手段。在实践方面，使用最多的欺骗手段是隐瞒信息，即为了保证研究的完整性在研究开始之前没有保证知情同意，但是在研究开展之后采用事后告知的方法向研究被试解释原因。霍姆斯（1976）曾指出可以通过消除欺骗和脱敏两种途径来解释研究过程中的掩饰部分。消除欺骗是指在完成研究之后将所使用的欺骗都告诉被试并解释欺骗的原因。脱敏是在研究结束后由组织者帮助被试减轻由于研究产生的紧张和其他不适感。

4. 自由退出机制

自由退出机制要求研究被试具有随时结束研究过程的权利。在教育研究领域中，研究被试往往会受到多方的压力，如学生会受到教师的无形压力，教师会受到教育管理者的无形压力，认为退出研究过程会对未来个人的求学或工作产生影响。那么，研究者需要做出特别的努力使得研究被试相信他们随时可以拒绝研究或退出研究而不会受到任何不利的影响。

5. 保密、匿名和隐私概念

保密一般是指研究人员如何处理研究所得资料的协议，如不能将研究被试信息透露给研究者及相关工作人员以外的任何人。匿名是研究者对研究被试的基本情况未知，从而能够保证在研究过程中对每一位研究被试的公平对待,不存在歧视或特别关注的情况。隐私一般是指限制他人查阅某人的信息。隐私的概念包括两个维度,其一是由研究被试决定在什么环境下以及什么时间段内能够让他人了解自己的隐私信息;其二是研究被试有权拒绝或接受本人的信息,比如在某些任务上本人的表现比大众一般水平要差。

三、网络研究伦理问题

当今,新媒体网络的快速普及改变了人们的社会活动空间,以网络为媒介的田野调查将研究场域由实地转向了虚拟空间,在这一空间中研究者探寻新文化形态的变化和特质,也引起了新的伦理问题。与传统的研究相比,基于网络的研究能够在短时间内获得大量的研究被试信息,但是在知情同意、隐私和事后告知等方面存在明显的伦理考验。如在网络研究中,如何保证研究被试的知情同意就是一个值得深思的问题。如果讨论知情同意,那么就要说明如何获得问题。因为知情同意至少要包括研究者向研究被试提供信息,保证研究被试正确并合理地理解这些信息以及获得研究被试的自愿参加研究活动的同意书。常见的做法就是将知情同意书放置在网络上,并且在明显的位置提示研究被试阅读同意书全文并签署"本人阅读隐私规定并同意该同意书的内容"。还有一些研究者将常见的研究被试问题做成常见问题的问答形式,保存在网络上随时提供给研究被试使用。

网络民族志具有鲜明的个人隐私侵入性,有一些互联网民族志研究的学者也提出了个人的担忧。如海音等提出在网络中公共性与私人性的关系越发面目全非,隐藏的"研究对象"在互联网上发表个人言论能够被研究者自由地使用,但是却在个人并不知情或自愿的情境下。因为,一般而言大部分的隐藏"研究对象"不希望成为被研究者,对个人的陈述也并不想公之于众。但是,从具体情况来看,情况会更复杂一些,如一些网络社群是限制外来者加入的,具有明显的相对私密性。这些社群往往通过人际延伸或者仅仅允许共同身份的人员加入。一旦研究者进入该社群，一些敏感人群的敏感陈述被公布就会极大程度侵犯研究对象的私人领域。此外，网上具有留痕的特性，数字化讯息和资料让资料"永不磨灭"，在某种程度上能够被任何进入社群的人浏览、下载、存储和转发。如果这些信息被研究者随意公布，研究对象是极易容易泄露身份的。

此外，对于网上身份信息的对待也要更加关注。库兹奈特将信息公开程度按照公开性从低到高依次排列为：尽可能掩饰、中等掩饰、少许掩饰和完全公开。尽可能掩饰要求研究者将被研究者的所有个人信息全部脱敏处理，任何表述均不能直接被引用。中等掩饰能够公开文化社群的性质，但是不能对被研究者的实际表述逐字逐句地引用，也不能让探寻者借助社群名称或相关信息直接找到被研究者。少许掩饰的情况是可以对被研究者的表述进行直接引用，但是必须通过隐藏名称的方式达到。完全公开就是在征求到被研究者的同意后公布其真实姓名并对其陈述全部公开①。

---

① 曹晋，孔宇，徐璐. 互联网民族志：媒介化的日常生活研究[J]. 新闻大学，2018(02)：18-27.

第四章　研究范式与本书结构安排

第一节　研究范式

一、库恩及范式概念的提出

范式一词是由20世纪60年代初美国物理学家、科学哲学家、科学史家托马斯·库恩提出的。库恩早期一直接受理论物理学的训练，但是在他读博期间对科技哲学产生浓厚兴趣，而后他出版了《科学革命的结构》一书，该书推动了科学实践领域的哲学革命。在该书中，库恩提出“范式至少包括两层含义，其一是范式是综合的，包括一个科学群体所共有的全部承诺；其二，从局部的角度理解范式，就是各种类型的“范例”。库恩的关于范式的学说，从自然科学领域到人文社会科学领域到影响都很深远，一直延续至今[①]。库恩的后继者们对范式进行了更加深入的讨论，如玛格丽特·玛斯特曼在《范式的本质》一书中提出，“范式包括理论体系、研究规则和方法的结构，它规范着研究者的价值取向和观察世界的角度，决定着问题的提出、材料的选择、抽象的方向、合理性标准的确立以及问题

① KUHN T S. *The Structure of Scientific Revolutions*[M]. (2nd Edition) Chicago, IL: The University of Chicago Press, 1970: 10.

的解决等"①。库伯在《关于另类范式的对话》中提出关于范式的个人见解，他认为范式是"指导人们从事研究活动的一套信念，其中实证主义范式是传统的范式"，"范式需在本体论、认识论和方法论方面分别回答事实存在的真实性关系、认知者与被认知者的关系及探索知识时采取什么方法等"②。

二、本研究关于范式的理解

本研究关于范式的理解综合参照库恩、玛格丽特·玛斯特曼、库伯的思想，借助一组描述来完成。首先，范式应属于一个学术共同体所信奉的共同信念、价值以及技术的综合体；其次，范式可以被视为范例或者模型，能够完成对其他常规科学问题的解答；再次，对范式的理解是运动、变化和发展的，不能一成不变地加以理解；最后，范式是去理论化的，即能够在实践领域对具体问题实现提出、获取、分析及解决。

三、研究范式的历史之流变

人类研究方法的使用可以大致分为三个历史时期：古代（14 世纪之前）、近代（15—19 世纪）和现代（20 世纪至今），各阶段方法使用特征及代表思想如表 7 所示。

---

① MASTERMAN MARGARET. *The Nature of a Paradigm*[M], London: Cambridge University Press1970: 59-89.

② GUBA, E. G. *The Paradigm Dialog*[M]. New Delhi: Sage Publieation, 1990: 17-27.

表 7　人类研究方法的演变

时期	方法特征	代表思想
古代	观察法得到广泛运用，该方法将自然界和人类社会作为一个统一体加以认识。逻辑方式采用归纳与演绎	德谟克利特（著有《论逻辑》，初步研究了归纳逻辑的方法）； 亚里士多德（著有《工具论》，阐释了形式逻辑的基本规律，研究了演绎法，制订了演绎推理的“三段论”）
近代	各门自然科学从自然哲学中划分出来，各自独立，形成了分门别类进行研究的新局面	达·芬奇（实验是一切从事研究自然现象所必须遵循的方法）； 伽利略（在科学研究中必须观察、实验和数学结合起来，为演绎提供可靠基础）； 笛卡尔（采用数学演绎法，强调用演绎法来生产知识，忽视了经验与归纳）； 培根（著有《新工具》，建立归纳法，他认为先天的知识为白板，知识靠后天的经验产生，重视归纳而忽视了数学演绎法）； 达尔文（提出生物进化论，著有《物种起源》）
现代	20 世纪以来，科学出现了三大特点：自然科学向着微观和宏观两大方面扩展；出现了大量的交叉学科；“大科学”逐渐形成	过去的观察和试验开始与理论思维紧密结合； 数学方法运用到包括社会学科的众多学科中； 产生了控制论、信息论、系统论、突变论、耗散结构论等新理论

一般来说，从时间的视角来梳理，往往最先出现的是基于日常工作和生活的实践，而后出现哲学思辨的思想，最后才开始科学实证研究。正如孔德关于研究范式的说法，人类的思考分为三个阶段：神学阶段、形而上学阶段，最后是实证阶段。本研究我们将研究范式分为思辨研究和实证研究，实证研究继续细化为定量研究、定性研究和混合研究。最后讨论在此基础上继续发展出走向实践的行动研究。

思辨研究也称为非实证研究或理论研究。思辨研究是研究者在直观经验及理性认识的基础上，通过对概念、命题进行逻辑演绎推理以认识事物本质特征的研究方法。从研究主题来看，思辨研究往往多涉及本质研究、价值研究和对策研究。如本质研究多注重对“是什么”的追求，价值研究多注重对“为什么”的追求，而对策研究更多的是对“怎么样”的追求。19 世纪以前,哲学思辨是研究方法的主流,在这一阶段,知识呈现出很强的主观性、经验性、思辨性和碎片化的特征。

肇始于孔德的实证主义在 19 世纪末到 20 世纪上半叶发展壮大,成为当时的主要研究范式。实证研究按照对数据的敏感以及倚重程度可以将实证研究进一步分为定量研究和定性研究。定量研究方法多采用实验、测试、问卷等测量技术,利用抽样策略获取样本,最终的研究报告以数量及量度来表示。目的是利用统计软件,将有代表性的样本特征研究成果推广到研究整体。与之相异的强调“个人发声”的定性研究方法自 20 世纪 80 年代以来引起了人文社科领域的极大关注。定性研究更加关注研究对象的个体维度,常见的定性技术包括田野调查、现象学研究、扎根理论、个案研究等。定性研究能够在一定程度上弥补定量研究的困境,如定量研究中更加关注研究对象的普适性和代表性、对个别样本的差异性、异质性很难体现。定性研究通过个案研究的设计呈现出一个个鲜活案例勾勒出差异化的样本个体特征①。从理论贡献角度,定量研究采用演绎的路径,在搜集现有理论的基础上形成研究假设,并通过实验、调查等获取研究资料采用统计技术获得研究成果用来证实或证伪研究假设。这一研究过程是典型的“自上而下”的分析路径,难于实现自身理论的提炼和构建。此外,定量研究擅长宏大叙事,在定量研究中个案的意义在于量的积累以及类型学的丰富意义,但是从定性研究的角度理解个案,能够从表面的普遍一般性,深入到个案的复杂与特殊性,从而实现对研究对象的“情境性”理解②。

而后关于研究范式的争论一直存在,定量与定性研究的各自拥护者自发地镇守自己的阵营,这一争论持续了几十年。此时,一些“和平主义者”尝试提出和解之道,认为定量与定性研究是相容的,支持使用“范式

---

① 熊欢. 论质性研究范式对我国体育人文社会科学研究困境的消解[J]. 体育学刊,2018,25(01):1-10.

② 吴毅. 何以个案为何叙述——对经典农村研究方法质疑的反思[J]. 探索与争鸣,2007(04):22-25.

相对主义”立场[①]。从本质上来看，无论是定量研究还是定性研究都是实证研究，都是经历数据资料的是搜集、分析、解析和呈现，只是定量研究更加侧重对因果关系规律的探寻，而定性研究更加注重对研究问题的情境性的理解[②]。因此，应本着实用主义的目的，缩小范式之间的争辩，将目光转移到实际问题的解决中来。

此外，还有一类有关行动的研究，该类研究并非专注于一种具体技术，而是一种范式、解决问题的途径或问题研究视角。在实际的研究工作中根据研究目的、诉求及具体研究问题确定研究技术的选择。行动研究肇始于20世纪四五十年代的美国，在90年代被引介至国内，在教育学的研究领域中得到了广泛的认可和运用。邓君瑜等(2018)对海外体育行动研究进行梳理，将研究主题归纳为四个领域：体育管理评估、体育从业者专业化发展、体育教学以及亚文化群体的体育行动研究[③]。本研究对实证研究与行动研究就哲学假设、研究范式、世界观、认识论、逻辑过程、资料来源、理论模式、主要目标以及技术手段加以梳理，如表8所示。

表8　研究范式比较

	定量研究	定性研究	混合研究	行动研究
哲学假设	实证主义	解释主义	实用主义	建构主义理论、批判理论
研究范式	科学范式	自然范式	科学范式和自然范式	问题解决型非固定
世界观	将复杂问题简单化	将看似简单的问题复杂化	解决实际问题	反思理性和认知旨趣

① 〔美〕塔沙克里等. 混合方法论：定性方法和定量方法的结合[M]. 唐海华译. 重庆：重庆大学出版社，2010.

② 〔美〕加里·金等. 社会科学中的研究设计[M]. 陈硕译. 上海：上海人民出版社，2014.

③ 邓君瑜，熊欢. 国外体育行动研究的萌发、践行及启示[J]. 北京体育大学学报，2018，41(10)：46-54.

续表

	定量研究	定性研究	混合研究	行动研究
认识论	客观论 认识主体与认识对象是二元关系	主观论 认识主体与认识对象是不可分割的	相对主义 主观观点和客观观点的同时使用	实践认识论
逻辑过程	演绎	归纳	归纳与演绎的统一	螺旋上升
资料来源	客观事实	经验性资料	客观事实和经验性资料	多种途径
理论模式	理论检验	理论建构	研究之轮(科学方法论之轮)	促生原创理论
主要目标	确定相关关系和因果联系,成果的可重复性和可推广性	描述个体生活中的日常行为、问题情境及其意义,深入理解社会现象	三角互证、互补、发展、验证、扩展	指导实践 修正理论
技术手段	实验、问卷调查等	民族志、扎根理论、现象学、叙事探究、话语分析、案例研究、行动研究、历史研究等	平行/共时研究、顺序研究、平衡设计、主次设计、多层次路径设计	根据研究目标选取多种研究技术

第二节　本书结构安排

本书主要包括四部分。

第一部分主要介绍研究基础。在这一部分中主要对研究方法的学习意义进行梳理,对现有与体育学研究方法相关的文献进行综述;界定科学、规范性、理论及方法的相关概念;从选题、研究过程、抽样、测量、研究伦理等方面规范研究设计;梳理库恩以及其追随者关于研究范式的理解,对自然科学与社会科学研究范式的流变历程进行深入思考。

第二部分主要介绍我国体育学博士论文研究方法现状。首先,以2022年基本情况为面上数据,对32家培养单位的招考专业、招考人数、招考形式、培养方式等进行采集和整理。并对北京体育大学和上海体育学院这两家最早开始招收体育学博士的培养单位进行时间序列纵向的深入研究,尤其是考核方式,从公考招考到硕博连读,再发展至“申请—考核”的时间线梳理。其次,对我国近5年内(2017—2021年)体育学博士论文研究方法的整体现状进行概括性研究。研究样本以CNKI能够下载的数据为准,对样本基本情况如学科专业、毕业时间的分布情况做以说明。并从学科属性、方法应用特征、研究范式趋势、方法设计参照、归纳逻辑应用等方面对样本呈现出的方法学整体特征进行全面整理。

第三部分主要围绕研究范式与技术应用展开。首先,在定量研究中讨论最常用的两种具体技术:问卷法和实验法。其次,在探究定性研究之前,先厘清该范式的几个问题,如定性研究的定义是什么,这种研究方式具有什么特征与性质,定性研究的主要路径有哪些等。此外,在很多定性研究中都会用到访谈与观察技术,因此本研究将这两部分内容单独提取出来加以讨论。并在此基础上就德尔菲法、民族志、案例研究、叙事探究、扎根理论、话语分析、历史研究以及社会网络分析进行实际使用情况的详细探究,并勾勒出适合体育学研究视域的规范化操作流程。最后,对近年来在体育学领域中逐渐兴起的混合研究进行深入讨论。梳理定量与定性的范式之争、混合范式概念的界定以及混合模式的借鉴和体育学典型案例的融合。并以近5年混合研究样本为分析数据,总结使用中出现的规范性问题,并提出适用于体育学研究视角和内容的混合研究通用性的规范化流程。

第四部分介绍走向实践的行动研究。行动研究是否可以作为定性技术这一议题,在当今学术界还没有定论,因此本研究将行动研究单独作为一个部分讨论。就其在方法体系中的地位、基本概念的理解、样本中典型行动研究的具体应用以及构造出适合体育学研究领域的规范性流程进行整理和归纳。

第二部分　研究方法整体现状

当今社会是知识经济主导和创新机制驱动的社会，不管是经济建设还是社会发展都离不开创新拔尖人才的培养。博士生教育是学科高层人才培养的顶端，初始于人才选拔，过程本质基于知识生产、实践和应用，落脚于创新人才培养质量。2013 年，教育部联合财政部、国家发展改革委发布《关于深化研究生教育改革的意见》提出要对各级各类研究生进行系统的科研训练，从而达到提升研究生培养质量的目的①。2020 年，三部委再次发布《关于加快新时代研究生教育改革发展的意见》，对学位论文提出了“严把过程关，抓住课程学习、实习实践、学位论文开题、中期考核、论文评阅和答辩、学位评定等关键环节，落实全过程管理责任”②。博士论文是博士培养的最后环节，代表着学科人才培养的最终规格和质量，理应得到足够的重视。

---

① 教育部 国家发展改革委 财政部关于深化研究生教育改革的意见[EB/OL]. http://www.cdgdc.edu.cn/xwyyjsjyxx/shggtq/gtgz/wjfb/278581.shtml.

② 教育部 国家发展改革委 财政部关于加快新时代研究生教育改革发展的意见[EB/OL]. http://www.moe.gov.cn/srcsite/A22/s7065/202009/t20200921_489271.html.

第五章　我国体育学博士培养情况

当今,体育学学科快速成长和发展,学科建制不断完善,体系建设日益丰富。从学生培养角度,逐渐形成了“本—硕—博”全方位的人才培养体系。1986 年,北京体育大学和上海体育学院分别获得运动生理学、体育教学理论与方法以及体育理论专业的招生资格。1990 年,第一名运动生理学博士生在北京体育大学顺利答辩,标志着我国体育学高层人才培养取得了突破性的进展。

第一节　学位点情况

现今,体育学博士学位点数量稳步上升,以 2022 年各个招生单位研究生院网站及学信网发布招生信息为依据,全国现有体育学博士培养单位 32 家。其中,专业体育院校 7 家、师范类院校 15 家,综合性大学 10 家。截至 2022 年,32 家培养单位全部具有体育学一级学科博士授予权。从学科门类的角度来看,除体育教育训练学、运动人体科学、民族传统体育学和体育人文社会学四个专业外,还增加了运动康复学、体育心理学、体育管理、体育工程学、马克思主义体育理论以及体育教育学 6 个自设专业。此外,南京师范大学、华中师范大学、陕西师范大学、安徽师范大学、江西师范大学、苏州大学、山西大学、扬州大学、西南大学、山东大学、宁波大学均以体育学专业招生,而后按照研究方向进行博士生的培养专业细分。

第二节 招考方式情况

在招考方式方面,有专家就我国博士生选拔工作做出很多有益的研究,如张汶军等(2020)从制度完善、实践推广到新旧杂糅就我国博士招生“申请—考核”制实施状况进行回顾与反思①。同样,在体育学到博士招生选拔领域也出现了多种方式并存的状态,早期传统的普通招考在各校的招生方式中占据主导地位。普通招考这一选拔方式,突出统一考试的公正性,往往会在招生简章中突出考试大纲或主要参考书目等。但是,随着招考制度的革新,“申请—考核”逐步成为博士招生的主流途径。该制度打破了“唯考试”的制度实施惯性,更加关注对报考人员长期学习经历、科研路径的考察②。培养单位根据本培养单位的实际以及具体学科的需求,对申请者的先验知识、态度与价值、能力等方面做出详细要求。如在先验知识储备方面,主要考察通用知识及专业理论及知识结构;在态度与价值方面注重对政治素质与品德及学术态度的考察。在能力维度方面,更加关注科研能力及创新潜力③。采用量化指标如一定的科研成果、获奖证书、科研项目等支撑科研水平;通过对外语证书等限定考察外语水平;通过对博士阶段培养计划考察申请人的学习规划能力及学术发展潜力等。

以2021年体育学博士单位招生简章来看,各个培养单位根据自身学校的专业特色设置了不同的考核方式(表9)。从所占比例来看,申请考

---

① 张汶军,夏豪杰.有效益的公平:我国博士招生“申请-考核”制实施状况回顾与反思[J].江苏高教,2020(04):77-82.

② 何菲,朱志勇.博士生学术能力:内涵、框架与测量[J].重庆高教研究,2022,10(04):103-117.

③ 张娟,杨冬.“申请-考核”制考什么:学术型博士生核心能力的建构与诠释——基于42所一流大学建设高校招生文本分析[J].中国高教研究,2021(12):49-56.

核制逐步成为主流的体育学博士的选拔机制。

表 9 32 家培养单位招考方式

序号	培养单位	申请考核	普通招考	硕博连读	直接攻博
1	北京体育大学	√	√		
2	上海体育学院	√	√		
3	华东师范大学	√	√		
4	福建师范大学	√		√	
5	华南师范大学		√		
6	苏州大学	√		√	√
7	北京师范大学	√			
8	东北师范大学	√			
9	河北师范大学		√		
10	清华大学	√		√	
11	浙江大学		√		
12	山西大学		√	√	
13	华中师范大学	√			
14	湖南师范大学	√			
15	南京师范大学		√		
16	辽宁师范大学		√		
17	曲阜师范大学		√		
18	武汉体育学院		√		
19	河南大学	√	√		
20	首都体育学院	√			
21	天津体育学院	√	√		
22	成都体育学院	√	√		
23	广西师范大学	√	√		
24	哈尔滨体育学院		√		
25	吉首大学	√			
26	西南大学	√			

续表

序号	培养单位	申请考核	普通招考	硕博连读	直接攻博
27	扬州大学	√	√		
28	山东大学	√			
29	* 陕西师范大学	√	√		
30	* 安徽师范大学	√		√	
31	* 江西师范大学		√		
32	* 宁波大学		√	√	

注:其中标注 * 的四所大学 2021 获得博士授予权,2022 年开始招生。

第六章　博士论文研究方法总体情况

第一节　样本来源及获取方式

本研究以 2017—2021 年近五年在 CNKI 中可下载的 353 篇体育学博士学位论文为研究对象,以其研究方法为基本数据和分析样本,探寻研究方法的具体使用情况。因为一部分院校未在 CNKI 上传博士论文,因此本研究样本会有疏漏的情况,仅以可获得的样本为讨论范围。

获取样本的详细方法如下:首先,进入 CNKI 的“高级检索”界面,选择“硕博士论文”的“博士”选项,并选择“社会科学Ⅱ辑”中的“体育”。筛选并下载 2017—2021 年近五年我国体育学博士论文(样本筛选时间节点为 2021 年 12 月 31 日)。

而后,对留学生论文做删除处理,并逐篇查阅论文的研究部分,最后共保留 353 篇论文。在本研究中,为了提高研究效度,采用了以下几种方式:第一,不仅查阅研究方法部分的表述,还要关注“引言”“导论”等部分;第二,对同一方法但表述名称不同的情况做统一处理,尽量保证少类别处理方式;第三,组建团队,对研究方法的归类进行检验并反复把关审核。

第二节　样本的基本情况

关于样本的专业归属问题，本研究以论文封面的专业为准，但是由于一些培养单位是以体育学一级学科招生，因此以封面中研究方向为准并入相关的专业（表10），涉及的样本数为42篇。

表10　样本中体育学专业的归属划分

序号	题目	年份	培养单位	合并入的专业
1	我国优秀击剑运动员专项体能训练模式研究	2017	首都体育学院	体育教育训练学
2	中国古代射箭史研究	2017	苏州大学	体育人文社会学
3	北洋政府时期不同教育宗旨下的学校体育研究	2017	苏州大学	体育人文社会学
4	中国武术发展中的社会问题研究	2017	苏州大学	民族传统体育学
5	政府购买残疾人体育公共服务实现路径与云平台的构建	2018	福建师范大学	体育人文社会学
6	青少年静态等长肌力增龄性规律及性别差异	2018	山西大学	体育教育训练学
7	农村公共体育服务协同创新理论构建与应用	2018	浙江大学	体育人文社会学
8	涵养道德与健身气功修炼之关系研究	2019	山西大学	民族传统体育学
9	消费需求、口碑传播对冰雪体育产业发展的影响研究——基于归因理论视角	2020	山东大学	体育管理学
10	中青年肘膝关节肌肉运动能力增龄性变化规律及性别差异	2020	山西大学	体育教育训练学

续表

序号	题目	年份	培养单位	合并入的专业
11	优秀手枪射击运动员中枢神经系统机能水平变化的研究	2020	山西大学	体育教育训练学
12	中美青少年校园篮球发展模式的比较研究	2020	山西大学	体育教育训练学
13	网络化治理视域下公共体育服务协同供给研究	2020	上海体育学院	体育管理学
14	创业者个体社会网络对体育新创企业绩效影响的研究	2020	上海体育学院	体育管理学
15	长三角体育产业一体化的理论与实证研究	2020	上海体育学院	体育管理学
16	组织支持感对高水平教练员创新行为的影响机制研究	2020	上海体育学院	体育管理学
17	不同冷水浴方案对耐力型和速度型运动后生理功能及运动能力的影响	2020	首都体育学院	体育教育训练学
18	下肢加压训练组合高强度抗阻训练对青少年女子摔跤运动员核心区和下肢肌力的影响	2021	首都体育学院	体育教育训练学
19	冬残奥坐姿高山滑雪选手旗门转弯技术的运动生物力学研究	2021	上海体育学院	运动人体科学
20	间歇运动对 $PM_{2.5}$ 暴露致 Wistar 大鼠心脏损伤的影响及其机制研究	2021	上海体育学院	运动人体科学
21	老年顾客参与运动健康服务的价值共创路径研究	2021	上海体育学院	体育管理学
22	lncRNA H19/miR－181a－5p 轴在高强度间歇训练改善 2 型糖尿病小鼠胰岛素抵抗中的作用及机制研究	2021	上海体育学院	运动人体科学

续表

序号	题目	年份	培养单位	合并入的专业
23	老年女性膝骨关节炎患者步态适应性运动特征研究	2021	上海体育学院	体育工程
24	经颅交流电刺激对工作记忆及上肢双任务动作控制的影响研究	2021	上海体育学院	运动人体科学
25	身体活动影响老年人执行功能的行为与脑特征	2021	上海体育学院	运动人体科学
26	有氧运动对男性甲基苯丙胺成瘾者药物渴求影响的认知神经机制	2021	上海体育学院	运动人体科学
27	高强度间歇训练对小鼠海马线粒体质量控制系统的影响及乳酸的作用分析	2021	上海体育学院	运动人体科学
28	PPARγ 参与有氧运动调控 chemerin 改善 COPD 膈肌功能障碍的机制研究	2021	上海体育学院	运动康复
29	miR-27/PPARγ 和 miR-122/PPARβ 在低氧训练肥胖大鼠骨骼肌脂代谢模型中的作用机理研究	2021	上海体育学院	运动康复
30	基于高速荧光透视成像的运动鞋帮高对足踝侧切动作影响的生物力学研究	2021	上海体育学院	运动人体科学
31	高水平跳水运动员时距估计的大脑活动特征研究	2021	上海体育学院	运动人体科学
32	中国 9—17 岁儿童青少年身体活动与体质健康的流行病学研究	2021	上海体育学院	运动人体科学
33	有氧运动对甲基苯丙胺成瘾者自我控制功能的影响及电生理特点	2021	上海体育学院	运动人体科学

续表

序号	题目	年份	培养单位	合并入的专业
34	无创深部脑刺激对神经肌肉功能的影响及其神经机制	2021	上海体育学院	运动人体科学
35	马拉松长跑对男性跑者膝关节生物力学特征影响的研究	2021	上海体育学院	运动康复
36	细胞自噬在运动干预延缓衰老性肌萎缩中的作用及机制研究	2021	武汉体育学院	运动人体科学
37	我国女子手球运动员射门技术特征及身体运动功能训练效果的实证研究	2021	首都体育学院	体育教育训练学
38	我国学校体育保险模式研究	2021	山西大学	体育管理学
39	武术传统师徒关系研究	2021	山西大学	民族传统体育学
40	我国身体运动功能训练的理论研究	2021	首都体育学院	体育教育训练学
41	躯干稳定肌的预期与补偿姿势调节的运动疲劳效应	2021	浙江大学	运动人体科学
42	乡村社区参与体育旅游减贫研究	2021	上海体育学院	体育管理学

最终对样本中的专业情况进行统计，得出民族传统体育学 25 篇、体育教育训练学 117 篇、体育人文社会学 67 篇、运动人体科学 103 篇、体育心理学 2 篇、运动康复 2 篇、体育工程 1 篇、体育管理学 22 篇。样本的年度分布如表 11 所列。

表 11　研究样本基本情况

学科专业	2017	2018	2019	2020	2021	总计
民族传统体育学	6	7	6	4	2	25
体育教育训练学	24	34	24	21	14	117
体育人文社会学	13	17	8	6	23	67
运动人体科学	18	25	24	21	15	103

续表

学科专业	2017	2018	2019	2020	2021	总计
体育心理学	0	0	0	2	0	2
运动康复	0	0	0	0	2	2
体育工程	0	0	0	0	1	1
体育管理学	1	8	3	5	5	22
总计	62	91	65	59	62	339

第三节　方法学整体特征

一、学科属性的明确分野

从学科的研究领域来看，运动人体科学、运动康复、体育工程学都属于自然科学学科，研究范式具有典型的自然科学属性。样本中的运动人体科学 101 篇、运动康复 3 篇、体育工程学 1 篇均采用定量研究的范式，通过实验、测验等方式探讨研究变量之间的因果关系，揭示其隐含的规律。如康复领域中一项关于马拉松长跑对男性跑者膝关节生物力学特征影响的论文，就是针对马拉松长跑的运动关节损伤的关注热点，从生物力学角度出发探讨了马拉松对膝关节的肌肉力学、本体感觉、步态 6-DOF 运动学及步态膝关节屈伸肌群激活功能的影响，并追踪了一周后的康复情况①。当今，在自然科学领域中将定性研究插入定量研究从而利用两种研究范式的各自优势来加深研究深度的成果屡见不鲜。样本中体育心

① 田斐. 马拉松长跑对男性跑者膝关节生物力学特征影响的研究[D]. 上海体育学院，2021.

理学也体现出这种趋势。如一项关于球场观众自律的研究首先对自律概念进行界定,而后通过定性方法构建自律的概念模型,并以该结果为基础编制球场观众自律量表分析观众自律的群体差异。然后构建自律网络模型,最终生成“引导—自觉型”培育模式用于提升球场球迷自律行为的实践指导①。

民族传统体育学、体育教育训练学、体育人文社会学以及体育管理学具有人文社科类专业特色,其研究范式更加丰富。

民族传统体育学的研究多以访谈、田野调查为主,以定性研究工具对不同地区、不同民族的武术文化进行深入剖析和研究。在当今话语研究的影响下,也有一些研究对实体组织的政策话语展开研究。如样本中一项研究就是以政策评估理论、话语分析理论为依据,将国际武术联合会政策话语为研究对象,通过本人在海外为期一年的生活和工作经历对欧洲武术传播的教学、交流与竞赛进行田野调查。在与多名国际武术联合会高级官员和国际武术裁判的深度访谈中获得组织政策以及对中国武术的认知态度,并利用质性文本处理工具对访谈材料进行主题词提取,从而明确近三十年间国际武术联合会的政策话语实践“说了什么、如何说的以及在不同情境下说的效果如何”②。

体育人文社会学的研究内容更加广泛,其研究范式是最为丰富的。如有一项关于东亚武学视域中跆拳道的生成研究就是采用思辨的方式对跆拳道的发端、东亚武学对跆拳道的发展以及跆拳道的现代性进行深入的思考③。体育人文社会学研究领域中关于体育政策、体育史的研究多采用访谈法、德尔菲法等定性研究方法。如一项关于我国体育外交的相关研究就是采用定性研究范式的专家访谈和历史研究法,对我国体育外交发展史进行梳理总结历史成就和经验。并对美国、法国、澳大利亚和日本四国的体育外交史的成功经验和案例深入研究,形成中国新时代体育

① 周浩.球场观众自律研究——以 CBA 太原赛区为例[D].山西大学,2020.

② 韩青松.评估与诠释:国际武术联合会政策话语研究[D].上海体育学院,2021.

③ 张瑞青.东亚武学视域中跆拳道的生成研究[D].上海体育学院,2021.

外交发展的域外借鉴，最后对中国体育外交发展策略进行展望①。此外，许多研究还采用混合研究范式，先使用问卷调查的方式获取定量研究数据而后采用访谈、德尔菲等方法获取深入的样本资料。如一项关于青少年体育锻炼习惯养成的相关研究，首先以锻炼习惯相关理论为框架采用问卷的形式对青少年体育锻炼习惯现状进行调查，而后配以访谈法对调研结果进行深入探讨和解释。然后采用层次分析法建构锻炼习惯影响因素理论模型，并对个人、家庭、学校和社会的多维因素作用机制进行探讨，提出干预青少年锻炼习惯养成的具体策略②。

体育教育训练学以实证研究为主，采用实验或测试法对某些项目的技战术训练进行深入研究。如样本中一项关于单、双侧复合式抗阻训练对拳击运动员前、后直拳技术训练效应研究就采用该种设计方式③。此外，在体育教育训练学领域常采用混合研究范式，如一项关于我国职业篮球运动员协会构建的研究，依据相关理论以文献资料、问卷、专家访谈等研究方法对国外不同职业运动员协会的发展、组织、框架以及运行机制进行梳理，在借鉴海外经验的基础上结合我国发展国情，构建适用于我国发展特色的篮球职业运动协会发展策略④。

体育管理研究领域中关于绩效管理、金融支持、消费需求等相关研究多采用数理统计等定量范式。如一项关于上海市居民参与型体育消费需求结构特征的研究就是以问卷调查等方式搜集居民参与体育消费需求信息，并采用数理统计的方法对结构特征进行解构⑤。另一项关于校园体

---

① 王超然. 新时代我国体育外交发展策略研究[D]. 东北师范大学，2021.

② 褚昕宇. 青少年体育锻炼习惯养成的影响因素及作用机制研究[D]. 上海体育学院，2021.

③ 刘洋. 单、双侧复合式抗阻训练对拳击运动员前、后直拳技术训练效应研究[D]. 上海体育学院，2021

④ 陆广. 我国职业篮球运动员协会构建研究：域外经验与本土设计[D]. 武汉体育学院，2021.

⑤ 郑和明. 上海市居民参与型体育消费需求系统的结构特征研究[D]. 上海体育学院，2017.

育保险的研究采用混合研究范式，通过前期的访谈调研以及文件的文本分析梳理，将现有校园保险模式提炼为“政府购买型”“社会捐赠型”和“校际互助型”。通过对现有模式的案例分析，基于模式构建理论构建出“以政府为主导、以学校为支撑、以家庭为基础”的“三方联动型”学校体育保险新模式①。

二、综合多元的方法应用

人类在探究未知世界的时候依靠研究方法和工具来保证研究结果的真实可靠。方法的发展与人类认识世界的进程一致，也具有演进性和多元范式并存的特征。从方法使用的历史来看，一种研究方法或范式被研究团体认可并广泛使用且蓬勃发展的同时，原来的研究范式并非销声匿迹。因此，多元范式的并存的状态是范式方法使用历史的必然。体育学研究方法与其他学科的发展相似，呈现出思辨研究到实证研究，实证研究又逐渐发展为定量、定性与混合研究（表 12）。

表 12　样本研究范式

学科专业	思辨研究		定量研究		定性研究		混合研究	
	篇数	占比%	篇数	占比%	篇数	占比%	篇数	占比%
民族传统体育学	0	0.00	0	0.00	20	80.00	5	20.00
体育教育训练学	0	0.00	37	31.62	22	18.80	58	49.57
体育人文社会学	3	4.48	3	4.48	22	32.84	39	58.21
运动人体科学	0	0.00	101	98.06	0	0.00	2	1.94
体育心理学	0	0.00	0	0.00	0	0.00	2	100.00
运动康复	0	0.00	2	100.00	0	0.00	0	0.00
体育工程	0	0.00	1	100.00	0	0.00	0	0.00
体育管理学	0	0.00	3	13.64	0	0.00	19	86.36

① 连小刚. 我国学校体育保险模式研究[D]. 山西大学，2021.

定量研究始于孔德的逻辑实证主义，崛起于19世纪末至20世纪上半叶，至今在科研范式领域中依旧活跃。定量研究注重对事物某类属性相关关系的探究从而实现内在规律因果关系的阐释。该范式擅长将“实际复杂问题简单化”，通过现有理论形成研究假设，而后依据演绎逻辑推理的方式通过实验、问卷、测试等具体技术完成理论的证实或证伪。因多用于重大问题的因果关系探究，在样本选取上采用抽样策略获取有代表性的样本，借助数理统计软件证实或证伪研究假设，最终的目标是将研究成果推广到有界限的研究整体。该范式在运动人体科学、体育工程学和运动康复领域得到广泛应用。如样本中一项关于身体活动影响老年人执行功能行为与脑特征等相关研究就是聚焦人口老龄化的社会问题，探究“健康老年人”“执行功能”与“身体活动水平”之间的关系。借助fMRI技术手段以抑制控制、工作记忆、认知灵活性三个维度的子功能对执行功能进行深入探究，展现出健康老年人人群这三种成分上的脑加工特点①。

定性研究的发展源于一些研究者觉察到在使用定量研究范式看待研究问题时，过多地关注研究现象的普适性和代表性，但是对于异质性程度较高的样本存在较大的偏差问题。定量研究擅长宏大叙事但是对于那些隐藏在统计信息背后的丰富个案被一次次地忽视了。从理论贡献的角度来看，定量研究擅长对原有理论的检验，但是对于新理论的建构却显得无能为力。在本研究的样本中，定性研究在体育人文社会学、体育教育训练学和民族传统体育学中应用广泛，尤其是民族传统体育学中80%的样本均采用该研究范式。民族传统体育学研究者经常使用丰富的个案进行解剖麻雀式的探究，这种通过对小众群体进行研究的思路，更加能够凸显个案的特殊与复杂性质，更加容易实现对研究对象“情境性”的理解。如一项关于中国传统体育养生与西方现代体育健身的比较研究就是以梳理文献、专家访谈、比较分析的具体技术研究“运动促进健康”的东西方差异，从历史发展、运动目标、运动方法、技术原理以及沟通等方面进行比较分

① 金晶.身体活动影响老年人执行功能的行为与脑特征[D].上海体育学院，2021.

析，为结合东西方运动健康理念提供思路[①]。

三、混合范式的积极探索

不管是定量研究还是定性研究，两种范式都有其自身的适用情境和擅长解决的问题模式，但是关于两种范式孰优孰劣的范式之争持续了30年之久。在这一争论过程中，无论哪种研究范式都未能对所有提出的问题给出完美的解答，在争论阵营之外的“和平主义者”提议在研究中何不展现不同范式的优势，将两种范式融合并加以应用，从而获得“强强联合”的效果。这样，在研究范式领域中，逐渐出现了从范式争辩到问题解决的焦点转移，也涌现出大量的基于混合研究的研究成果，实现了“第三种研究道路”[②]。在体育学研究领域中混合范式应用十分广泛，从样本数据来看该范式是体育教育训练学（占49.57%）、体育人文社会学（占58.21%）、体育管理学（占86.36%）和体育心理学（占100%）最主要的研究范式。

体育管理学样本中一项关于大学生锻炼坚持行为影响因素及促进策略的研究就是结合虚拟社区用户生成的内容分析与人员访谈资料形成混合研究的“三角互证”，结合文献资料与问卷调查结果，识别出大学生锻炼坚持行为的影响因素。而后对锻炼坚持行为的决策过程进行有效梳理，通过数理统计建立模型验证影响因素之间的关系，并对锻炼坚持行为进行类别化的策略制订[③]。

---

① 颜芬．中国传统体育养生与西方现代体育健身的比较研究［D］．武汉体育学院，2020.

② 唐涌．混合方法研究——美国教育研究方法论的新取向［J］．外国教育研究，2015，42（02）：12-21.

③ 王磊．大学生锻炼坚持行为影响因素及促进策略研究［D］．山东大学，2021.

四、母科学方法设计滋养

体育学各个二级学科具有其自身的学科特征的同时也延续了一定母学科的学科印记。这种印记不但延续了母学科的研究内容传统,还在一定程度上延续了母学科的方法应用传统。

1. 民族传统体育学

民族传统体育学的母学科是民族学,民族学研究注重实证、资料的分析过程更加关注历史文献信息,获取资料的方法多采用深耕于实地的田野调查法。在田野调查过程中,不但做各种形式的深度访谈,还能够完成较大规模的问卷调查。样本中民族传统体育学共有 25 篇,其中定性研究 20 篇(占 80%),混合研究 5 篇(占 20%)。在定性研究范式样本中,历史研究法常与访谈、实地调研综合应用,用于探究武术文化的历史嬗变以及民族武术文化的融合等。在混合范式的样本中,定量技术常采用问卷法和实验法,定性技术常采用访谈法和实地调查法。问卷法能够在短时间高效地获取大量个人信息资料,实验法能够对研究者所关心的自变量与因变量之间的关系进行探究,并以此为基础将访谈法引入其中,获得对因果关系的解释或更深度的意义诠释(表 13)。

表 13　民族传统体育学研究方式样本举例

研究范式	主要的研究方法	样本举例
定性研究	历史研究法与访谈法	《京师武术文化研究——以北京为个案》《涵养道德与健身气功修炼之关系研究》《西域武术文化研究》
	历史研究法与实地调查法	《武术与民俗文化融合研究——基于海阳大秧歌仪式展演的文化人类学考察》
	历史研究法与参与观察法	《生存・生活・生命:论武术教化三境界》

续表

研究范式	主要的研究方法	样本举例
混合研究	实地调查法与访谈法、问卷法	《太极拳"法""理"研究——以道文化为视角》《梅花拳传承中的身份认同研究》《评估与诠释：国际武术联合会政策话语研究》
	问卷法与访谈法	《中国武术文化软实力综合指数的构建——基于美、俄、德、日、印、巴、南、土等八国受众的实证研究》《我国高等体育院校太极拳课程体系优化研究》
	实验法、问卷法与访谈法	《太极拳锻炼对苯丙胺类兴奋剂依赖者身心康复的研究》

一项关于武术与民族文化融合研究采用定性的研究范式，以海阳大秧歌中武术与文化融合及文化展演为对象，对样本就融合历史、拳方的作用以及斗秧歌仪式三个维度开展田野调查。在分析资料的过程中，大量借鉴关键人物的口述资料对研究问题提出学理性的解释①。

一项关于太极拳锻炼对苯丙胺类兴奋剂依赖者身心康复的研究就采用混合研究设计思路。定量技术采用实验法、问卷调查法、量表法；定性技术采用专家访谈和普通访谈。研究对象获取借助上海市强制隔离戒毒所的整群抽样，并按照平行对照设计实验。组间因素为组别(太极拳组、对照组)，组内因素为测试时间(干预前测量、干预后测量)。采用问卷调查法获取人口学信息，并补充访谈内容，访谈对象为戒毒专家、十年以上戒毒所管理者以及部分受试者。该项研究通过设计 ATS 依赖者太极拳锻炼方案，检验其康复效果②。

民族传统体育学具体技术的使用也与其母科学高度一致。陈纪等(2017)针对民族学三种权威期刊的刊出论文归纳出中国民族学研究方

① 滕希望. 武术与民俗文化融合研究——基于海阳大秧歌仪式展演的文化人类学考察[D]. 上海体育学院,2020.

② 张志雷. 太极拳锻炼对苯丙胺类兴奋剂依赖者身心康复的研究[D]. 上海体育学院,2019.

法中定性研究方法占据主导、历史文献研究“经久不衰”以及实地调查方法备受瞩目等特征。在民族传统体育学样本中一般访谈法、专家访谈法、文献研究法、历史研究法和田野(实地)调查的使用频次分别为 4 次、9 次、21 次、11 次和 9 次,使用频数较高①。

2. 体育教育训练学

纵观教育学的发展史,古代教育研究主要依赖经验总结和观察法,近代时期逐渐过渡到教育实验,进入现代以来教育实证测量逐渐成为主流的研究方法,而到了现今的后现代各种研究法的综合应用成为方法学的主流②。体育教育训练学的研究方法深受教育学的影响,体现出偏向实证研究的特征,由于研究内容的不同,选择定量、定性与混合范式分别占比约为 31.62%、18.80%和 49.57%(表 14)。

表 14　体育教育训练学研究方式样本举例

研究范式	主要的研究方法	样本举例
定量研究	实验法或测试法	《下肢加压训练组合高强度抗阻训练对青少年女子摔跤运动员核心区和下肢肌力的影响》《压力影响精准类项目运动表现的神经机制研究》《单、双侧复合式抗阻训练对拳击运动员前、后直拳技术训练效应研究》《世界优秀田径运动员竞技水平发展特征研究》等
	实验法或测试法与问卷法	《大学太极拳“术道融合”教学的理论与实践研究》《不同身体练习方式对大学生睡眠质量的影响研究》

① 陈纪,何海霞,王真露. 中国民族学研究方法的应用及其发展——基于三种权威期刊的研究[J]. 广西民族研究,2017(03):108-118.

② 刘燕楠. 教育研究方法论变革:历史突破与理论创新[J]. 教育研究,2018,39(05):16-26.

续表

研究范式	主要的研究方法	样本举例
定性研究	实地调查法与访谈法	《体育器材装备的专利情报服务研究——以运动自行车器材为例》《中国台湾儿童体操俱乐部体操课程研究》
	个案研究法与访谈法	《我国 U13-U17 岁男子足球运动员比赛负荷特征的实证研究》《新中国成立以来我国体育价值变迁的观念史证与阐释》《奥运会短距离场地自行车选手参赛结果影响要素指标体系研究》
混合研究	实地调查法与访谈法、问卷法	《我国女子手球运动员射门技术特征及身体运动功能训练效果的实证研究》《个体、家庭及学校因素对青少年体育锻炼行为的交互影响研究》《优秀羽毛球女双攻封配合能力评估模型及其实证研究》《我国职业篮球运动员协会构建研究：域外经验与本土设计》《休闲体育专门化表现特征研究》

在 37 篇定量研究范式论文中，实验法和测试法使用最为广泛，共有 24 篇样本采用实验或测试作为主体研究方法，其中 3 篇与问卷调查法配合使用。问卷法用以获取样本关于个人基本信息、运动习惯、个人态度等资料，样本中一篇关于大学生睡眠与身体运动方式影响的研究就采用该种设计思路①。首先利用问卷法调查大学生睡眠质量基本现状，了解大学生睡眠质量的影响因素，用于确定运动强度和无关变量。而后设计四组实验分别针对：一次性力量、耐力及其组合练习、八周运动干预以及不同时长组合练习和不同时间段组合练习对大学生睡眠质量的影响。

在定性研究范式论文中，多是访谈法与实地调查或个案探究配合使用。如一项关于近代中国高等体育教育发展历程的研究就是采用历史研究和访谈法，将我国高等体育教育划分为萌芽、探索、成熟和困难时期，结合访谈资料对各个时期高等体育教育的概貌、特点和历史意义进行梳理

① 贺静. 不同身体练习方式对大学生睡眠质量的影响研究[D]. 华东师范大学, 2019.

并对近代我国高等体育教育的历程进行审视和反思①。

在混合研究范式论文中，多在实地调查的基础上综合使用问卷法和访谈法获取资料信息。一项关于中美青少年校园篮球发展模式的比较研究就是与篮球特色学校的校领导、高水平教练员、篮球教师和美国篮球相关研究人员进行深度访谈，将访谈资料进行提炼并结合文献资料形成问卷。最后综合问卷与访谈结果开展实地调查研究，实现对中美青少年校园篮球的比较研究②。

具体技术应用方面，体育教育训练学样本中专家调查法、问卷调查法、实验法、个案研究和比较法使用的频次分别为60次、56次、42次、18次和8次。此外，在定量技术的基础上对获取数据进行数理统计的方法使用较为普遍，频次为83次。

3. 体育人文社会学

体育人文社会学的母科学是社会学，研究方法同样受到社会学的滋养。中国社会学学科在1953年被取消直到1979年才恢复重建。赵联飞对中国社会学发展的70年进行梳理，总结发展经历为停滞期（1953—1978年）、恢复重建期（1979—1985年）、实践提高期（1986—1999年）和快速发展期（2000—2019年）③。在近20年快速发展时期，社会学研究方法的发展呈现出诸多特色，如学科建设力度加强、教材及培训体系丰富、全国性调查推广推动定量实证研究的发展以及新方法的迅速崛起。在新方法方面，作者强调方法创新体现在三个方面：文本、音像材料进入社会统计学分析的范畴；各种定性研究方法受到瞩目以及数据驱动研究崭露头角。

体育人文社会学的研究范式在体育学二级学科中使用最为丰富，思

① 张艺琼. 近代中国高等体育教育发展历程的研究[D]. 北京体育大学，2017.

② 刘海明. 中美青少年校园篮球发展模式的比较研究[D]. 山西大学，2020.

③ 赵联飞. 中国社会学研究方法70年[J]. 社会学研究，2019，34(06)：14-26.

辨、定量、定性和混合都有涉及(表15)。思辨研究3篇,研究主题主要集中于体育制度、立法、政策、文化与观念等。定量研究3篇,如一项研究是采用实验法合并问卷法对商业性体育赛事承办权交易价格形成机制进行深入探讨。从占比上,体育人文社会学研究范式还是以定性研究和混合研究为主,分别占比32.84%和58.21%。

定性研究多采用基于当地人的访谈实地调查并与典型个案相结合。研究者通过现象学、叙事研究来研究个体情况,采用个案研究方法探究过程、活动和事件,采用扎根理论方法构建自身理论体系,并借助田野调查的方式深入研究群体内部,了解个体或组群的文化共享行为,最终完成民族志的撰写。一项社会力量参与县域群众体育治理的研究,采用个案研究设计方式,开展实地调查对江西省中部地区C县的群众体育治理展开田野调查①。

混合研究范式多采用问卷与访谈问卷与个案等(表15)。如一项关于青少年体质健康政策协同研究采用该种范式,通过内容分析法完成政策文本的资料转化,使得文字组织的政策信息得以量化体现。而后通过对体育学术专家以及实践领域的关键知情人的质性访谈,获得质性访谈资料。最后将访谈结果与政策文本量化信息进行三角校验互为补充深入探讨②。

表15 体育人文社会学研究方式样本举例

研究范式	主要的研究方法	样本举例
定量研究	实验法	《热环境对运动中人体热感觉和能量消耗的影响研究》
	实验法与问卷法	《商业性体育赛事承办权交易价格形成机制研究》《中国儿童青少年身体活动水平及其影响因素的研究》

① 李理.社会力量参与县域群众体育治理研究[D].北京体育大学,2018.

② 郇昌店.我国青少年体质健康政策协同研究[D].上海体育学院,2016.

续表

研究范式	主要的研究方法	样本举例
定性研究	实地调查法与访谈法	《身体、符号与社会——文化人类学视野下的身体活动研究》《我国普通高等学校体育教育专业本科培养方案研究》《我国大型公共体育场馆产权制度改革研究》《中国民族传统体育文化生态研究》《中国传统武术对越南传统武术的影响》《我国冬季体育资源的整合与开发研究——以京张冬季体育资源开发为例》《奥运会与可持续城市良性互动研究》
	历史研究法、个案研究与访谈法	《体育纠纷及其法律解决机制研究》《英国体育文化对国际竞技体育的影响力研究》《中国古代射箭史研究》
混合研究	实地调查法与问卷法	《善治视角下中国健身气功社团的管理体制改革研究》《从善政到善治的群众体育发展研究》《消费社会视域下的炫耀性体育消费研究》《政府购买残疾人体育公共服务实现路径与云平台的构建》《中国优秀运动员体育偏离行为研究》
	个案研究、问卷法与访谈法	《我国羽毛球竞技后备人才培养研究》《社会治理视域下我国农村公共体育服务体系建设与运行研究》《中国体育赛事企业竞争战略和竞争优势研究》《我国政府购买青少年公共体育服务研究》《创新社会治理背景下上海市社区体育治理体系研究》《中国情境下体育团队结构冲突与干预》《转型期我国公共体育服务供给主体多元发展研究》

从具体技术来看，样本中使用最多的是调查法，其中包括专家调查法、问卷调查法、访问调查法，和田野（实地）调查法，使用频数分别为 83 次、57 次、45 次和 37 次。此外，比较法和个案研究使用也较为普遍分别使用 41 次和 38 次。

4. 运动人体科学

运动人体科学专业样本全部 103 篇采用定量研究范式，与其自身母学科医学专业的研究范式相同，均在实验或测试法中探寻自变量与因变量的因果关系。在定量的技术中，最常使用的是实验法、测试法和问卷调查法，这三种定量技术的组合构成了运动人体科学专业主要的研究方法(表 16)。

表 16　运动人体科学研究方式样本举例

研究范式	主要的研究方法	样本举例
定量研究	实验法	《有氧运动对甲基苯丙胺成瘾者自我控制功能的影响及电生理特点》《无创深部脑刺激对神经肌肉功能的影响及其神经机制》《细胞自噬在运动干预延缓衰老性肌萎缩中的作用及机制研究》《躯干稳定肌的预期与补偿姿势调节的运动疲劳效应》
	测试法	《柔韧和力量素质对疾跑中股后肌群生物力学特征的影响》《预防青少年心血管病危险因素聚集的适宜心肺耐力及身体活动量的研究》《短期类比学习与外显学习对人体平衡稳定控制能力的影响研究》
	测试法与问卷法	《静坐少动中年女性身体活动与心肺耐力和心血管健康的量效关系》《中国心理亚健康青少年体质健康及其影响因素的研究》《中国儿童青少年身体发育状况及其影响因素的研究》
	实验法与问卷法	《学龄前儿童睡眠及体力活动对认知能力的交互作用》《不同战术安排对 1500 米运动员冲刺前生理状态的影响》

样本中一项关于高水平跳水运动员时距估计大脑活动特征研究就是基于时距信息加工准则和神经效率假说设计实验流程，借助时距复制任务和功能性近红外光谱成像技术，对比高水平跳水运动员和非运动员被试群体在不同刺激类型下静态和动态时距估计行为特征及大脑活动状态。以此为依据用来考察经过长期专业化技能训练的高水平跳水运动员的时距估计能力及对应大脑活动特征的影响①。

从具体技术的应用来看，使用最多的是实验法、测试法。以及在获取实验或测试数据之后利用统计工具完成数据的数理统计工作。

5. 体育心理学

样本中体育心理学 2 篇均采用混合研究范式，与其母学科心理学的研究范式有极大的相关性。当今的心理学研究在心理测量的基础上逐渐

① 贾彬彬. 高水平跳水运动员时距估计的大脑活动特征研究[D]. 上海体育学院，2021.

接收定性研究的优势，以访谈、个案研究等作为定量测量的有益补充。样本中《基于风险认知与沟通的学校体育活动参与者雾霾应对行为研究》和《球场观众自律研究——以CBA太原赛区为例》分别使用了问卷法、扎根理论、文本分析、深度访谈、焦点小组等研究方法，为心理测量打开新的视角，实现对研究问题的探究、补充和解释。

6. 运动康复

运动康复的母学科是医学，与运动人体科学专业论文相似，运动康复样本均采用定量研究范式。样本中有2篇论文《PPARγ参与有氧运动调控chemerin改善COPD膈肌功能障碍的机制研究》与《马拉松长跑对男性跑者膝关节生物力学特征影响的研究》均采用实验与统计的方法对研究问题的因果关系进行探求。

7. 体育工程

样本中体育工程学仅有一篇，内容围绕老年女性膝骨关节炎患者步态适应性运动特征展开研究，研究范式采用定量范式，具体技术重要为实验研究和实验数据的数理统计。

8. 体育管理学

体育管理学全部样本为22篇，其中定量研究3篇，混合研究19篇。定量研究多采用问卷法对居民参与体育消费结构特征、体育产业内部治理与绩效关系、体育高质量发展的金融支持等领域进行解释性研究。混合研究范式样本以访谈法与问卷法、案例分析法、德尔菲法的组合使用最为常见，通过对定量技术与定性技术的混合能够完成对各种体育消费行为、体育品牌竞争力以及购彩问题的深入分析（表17）。

表 17 体育管理学研究范式样本举例

研究范式	主要的研究方法	样本举例
定量研究	问卷法等调查方法	《上海市居民参与型体育消费需求系统的结构特征研究》《我国体育产业高质量发展的金融支持研究》《体育产业公司内部治理与绩效关系研究》
混合研究	问卷法与访谈法	《乒超联赛观众观赛动机与赛场服务质量研究》《政府购买公共体育服务的第三方评估研究——以承接方的选择评估为例》《青少年体育锻炼多主体协同治理研究》《体育综合体服务供应链利益主体间的关系及其协调机制研究——基于对消费者需求的实证分析》《大学生锻炼坚持行为影响因素及促进策略研究》
	问卷法、访谈法与案例分析法	《乡村社区参与体育旅游减贫研究》《网络化治理视域下公共体育服务协同供给研究》
	访谈法、德尔菲与数理统计法	《组织支持感对高水平教练员创新行为的影响机制研究》

样本中一项关于我国体育产业高质量发展金融支持的研究就是采用系统动力学方法和定量分析方法在梳理体育产业金融支持现状、高质量发展需求的特征的基础上，审视体育产业与金融体系的关联关系并建立参照体系开展实证模型研究①。

样本中一项关于网络化治理视域下公共体育服务协同供给研究采用混合研究设计，通过对公共体育服务、协同创新发展和网络化治理等理论的定性探讨，将治理体系和治理现代化发展趋势进一步理清，深入理解公共体育服务供给发展的实践困境。采用层次分析、模糊评价以及三角白话函数等定量技术，借助 SPSS、MATLAB 等软件完成分析工作，从而实现对构建指标体系合理性的验证②。

从具体技术的角度来看，体育管理学使用频数较高的具体技术包括

① 许嘉禾. 我国体育产业高质量发展的金融支持研究[D]. 山东大学，2021.

② 焦长庚. 网络化治理视域下公共体育服务协同供给研究[D]. 上海体育学院，2020

问卷法和专家调查法等,使用频次分别为14次和8次。

五、跨学科借鉴的新思路

样本涌现出一些方法的跨学科使用的迹象,如常见于常人方法学和会话分析的录像分析法、人类学研究的田野调查法以及教育研究领域中的行动研究。

物理学的研究进展和电子管工艺的日渐成熟为录像技术的发展提供了物质基础,以此为载体的常人方法学在人文社科领域得到广泛应用。录像技术的发展从早期的磁带到当代的数码录像,实现了画面从模糊到清晰,从黑白到彩色的转变。此外,从存储角度来看,容量逐渐增加,载体体积逐渐减小,成本也越来越低。因此,该技术以体积小、重量轻、容量大、成本低的优势在科研领域得到了广泛的应用。在人类学、社会学的研究领域,早期的录像技术常见于对实地调查中部落舞蹈、宗教仪式以及特殊的节日图像信息的录制,起到研究成果的展示作用。而后,更多的研究者通过对录像信息的采集,以录像信息作为数据资料的来源。因此,从这个层面理解录像技术对于大多数社科研究来说兼顾信息收集以及成果展示的双重意义。录像分析技术体现“当时性”和“自然发生”的特征,能够实现不经过剪辑,百分百还原当时场景的特点。与我们常见的访谈法的出发点一致,都是以“行动者的视角”了解并探索研究对象自身的经验。样本中采用录像相关技术的论文主要以体育教育训练学为主,共有7篇论文涉及此种研究方法,研究主题集中于网球、标枪、足球、排球、跳远、手球等运动项目的技术分析(表18)。

表18　样本中录像分析法的样本

序号	题目	年份	院校	专业
1	网球单打技术演进特征研究	2017	北京体育大学	体育教育训练学
2	我国优秀女子标枪运动员技术的运动学评价与诊断研究	2018	北京体育大学	体育教育训练学

续表

序号	题目	年份	院校	专业
3	硬地网球男子单打比赛战术诊断指标体系构建与应用	2018	北京体育大学	体育教育训练学
4	男子网球运动员无氧和有氧能力的专项训练方法设计理论与实证	2019	北京体育大学	体育教育训练学
5	中国女排大赛成绩动态演变影响因素及评价模型构建研究——基于竞技能力层面分析	2019	北京体育大学	体育教育训练学
6	相对年龄效应对足球比赛中青少年运动员运动表现分析影响的研究	2020	上海体育学院	体育教育训练学
7	我国女子手球运动员射门技术特征及身体运动功能训练效果的实证研究	2021	首都体育学院	体育教育训练学

田野调查是人类学、社会学的主要研究方法，是指研究者在一个有着严格定义的时间和空间内体验原住民的日常生活，通过记录原住民生活的方方面面，来展示不同文化如何满足人的基本需求以及社会是如何构成的。当田野调查结束后，研究者撰写的笔记称为“民族志”。样本中有42篇论文使用了实地调查（田野调查）这一技术，专业分布在民族传统体育学、体育管理学、体育教育训练学和体育人文社会学（表19）。

表19　样本中田野调查的分布

学科专业	2017	2018	2019	2020	2021	总计
民族传统体育学	2	4	1	1	0	8
体育管理学	0	4	0	2	0	6
体育教育训练学	3	2	2	2	0	9
体育人文社会学	3	5	0	3	8	19
总计	8	15	3	8	8	42

行动研究是教师或研究人员在实际的教学实践中，有计划、有步骤地边研究边行动从而解决实际问题的研究方法。行动研究是在理论指导下

的实践活动,具有情境、合作、参与以及自我评价的特征。具体的步骤包括资料收集、合作探讨、自我反省和多方总结等。该方法擅长于中小规模的教育实际问题研究,在样本中有 3 篇采用行动研究技术,均属于体育教育训练学领域(表 20)。

表 20　样本中行动研究的样本

序号	题目	年份	院校	专业
1	体育教育专业教师教育类课程的优化研究	2017	上海体育学院	体育教育训练学
2	福利院重度智力障碍儿童适应性身体活动健康促进的理论与实践研究	2019	上海体育学院	体育教育训练学
3	适应性体育活动影响随班就读轻度智力障碍儿童青少年运动参与的实证研究	2020	上海体育学院	体育教育训练学

六、理论创新的基石支撑

在梳理样本的过程中,发现样本理论的表述更多地体现出对外来理论的兼容并包,忽视了本土文化的理解和接纳。当今社会环境下研究者吸收国外先进研究理念,对我国的具体研究问题进行理解和分析,探讨其适用性是非常有意义的。但是,同时我们也应该注意到,仅仅吸收、验证已有理论而不进行理论创新对学科的发展也会有一定的阻碍。体育学要想顺应时代,取得长足的发展理应回归到主体本身及本土性体验的创生转变上来,形成具有本国特色的扎根于本国体育研究实践的理论。只有这样,才能不断提升体育学的科研水平和实践价值。

可喜的是,在样本中也发现了一部分成果能够借助扎根理论研究方法,构建适用于我国体育学研究领域的相关理论,有 10 篇样本深入挖掘体育现象及背后所反映的真实规律(表 21)。如一项关于运动健康管理商业模式的研究构建了适用于我国国情的健康管理商业模式框架,从内容上将框架划分为价值主张、产品设计、核心资源、关键业务、协作单位、客户管理、市场营销、成本结构和企业受益几个模块①。

表 21　扎根理论样本信息表

序号	题目	年份	院校	专业
1	运动员心智游移特点及其对任务表现的影响	2017	北京体育大学	运动人体科学
2	运动健康管理商业模式构建研究	2018	河北师范大学	体育教育训练学
3	大众参与乒乓球运动行为的影响因素及实证研究	2019	上海体育学院	体育教育训练学
4	高校体育专业技术课青年教师专业素质研究——以东三省为例	2020	辽宁师范大学	体育教育训练学
5	我国退役运动员社会融入问题研究	2020	上海体育学院	体育教育训练学
6	公共体育服务质量影响因素与改进策略研究	2020	山东大学	体育人文社会学
7	消费需求、口碑传播对冰雪体育产业发展的影响研究——基于归因理论视角	2020	山东大学	体育管理学
8	基于风险认知与沟通的学校体育活动参与者雾霾应对行为研究	2020	山西大学	体育心理学
9	球场观众自律研究——以 CBA 太原赛区为例	2020	山西大学	体育心理学
10	老年顾客参与运动健康服务的价值共创路径研究	2021	上海体育学院	体育管理学

① 王嵛.运动健康管理商业模式构建研究[D].河北师范大学,2018.

第三部分　研究范式与技术研究

定量研究是遵循验证性科学研究的方法，一般使用测量手段将所得的数值型数据描述被研究的事物或过程。定量研究的思想来源于孔德的实证主义，认为社会科学与自然科学研究的对象本质无异。社会科学的研究对象是社会现象，社会现象不依赖于人的意志而独立存在，是一种客观事实并具有规律性。研究人员可以不带有主观偏见地对客观事实加以观察和分析，从而达到对人类社会普遍规律的揭示。

定量研究是“窄角镜头”，意欲在一个时间段中关注一个或几个因果因素，同时保持未研究因素的暂时恒定。如在实验室研究中，研究者设计实验组和观察组，在实验组中控制引起变化的变量，观察组不予处理，将得到的实验结果进行因果归因，从而探究出引起实验变化的因果关系。在体育学的研究领域中，常见的定量研究路径包括问卷法、实验法、测验法、文本分析和德尔菲法。

第七章　定量研究

第一节　问卷法

一、对问卷法的理解

问卷法是调查者运用设计的问卷向被调查者了解情况或征询意见的方法，是收集资料最常用的技术手段之一。研究者通过网络或书面介质，以问答的方式向受访者收集数据并通过统计技术手段对收集到的数据进行整理和分析得出研究结论。问卷法的基本原理是根据特定理论提出假设，将理论假设转化为可操作的测量指标，并将指标转化为受测者容易理解和回答的问题，从而实现对两个变量或多个变量之间关系的预测。

在实际运用中，问卷擅长收集以下六个方面的信息：当前行为、过去行为、对承担较大责任议题的态度、对承担义务责任较低议题的态度、未来的行为以及未来的态度。此外，问卷还包括一些与受访者人口统计特征方面的信息，如年龄、性别、职业、婚姻、受教育程度、所在地区等。

二、样本中问卷法的应用情况

2017—2021 年体育学博士论文中采用问卷法的论文数为 113 篇，占总体论文比例的 33.33%。年度与专业统计数据如表 22 所示。

表 22　问卷法在样本中的分布

学科专业	2017	2018	2019	2020	2021	总计
民族传统体育学	0	1	2	1	0	4
体育管理学	1	5	3	3	2	14
体育教育训练学	12	13	16	8	7	56
体育人文社会学	4	7	7	4	11	33
体育心理学	0	0	0	1	0	1
运动人体科学	2	0	3	0	0	5
总计	19	26	31	17	20	113

2017—2021 年,问卷法在学科专业中的使用情况如下:在民族传统体育学 4 篇(共 25 篇,占比 16.00%)、体育管理专业 14 篇(共 22 篇,占比 63.64%)、体育教育训练学专业 56 篇(共 117 篇,占比 47.86%)、体育人文社会学专业 33 篇(共 67 篇,占比 49.25%)、体育心理学 1 篇(共 2 篇,占比 50.00%)、运动人体科学 5 篇(共 103 篇,占比 4.85%)。可见,问卷法在体育管理、体育教育训练学和体育人文社会学专业中的使用比例较高。

众所周知,问卷法可以短时间内高效地获得被调查者的资料,但是也有一些明显的局限性。如:题项灵活性不强、弹性较差;非现场答题缺少调查者对被调查者的指导;出现空题不答的情况难于找寻被调查者;表面直接的问题回答良好,但是对于机制的探究就力不从心了。因此,在实际的应用中,研究者发现问卷法经常与访谈法配合使用,从而实现问题的深入探究。样本中问卷法配合访谈法使用的样本数为 71 篇。如一项关于我国职业篮球运动员协会构建的研究就是在利益相关者理论、博弈理论和双权赋予理论的指导下,梳理了国外不同职业运动员协会的发展历史、组织作用、内部框架以及运行机制等。同时,这项研究在对比和借鉴的基础上结合我国篮球协会发展现状运用问卷法和访谈法就如何构建我国自身特色的职业篮球运动员协会展开研究[1]。

三、问卷法使用的规范性问题

一般而言,问卷法的使用情境主要集中于描述性事实研究、归纳性规律研究以及演绎性验证研究。大部分的样本都集中于描述性事实研究,如对一些样本基础性信息的收集,如性别、年龄、所在地区、爱好、身体健康状况等。对问卷法等规范性使用情况可以通过样本获取、问卷设计、发放回收、数据统计以及质量保证几个方面来讨论。

1. 样本获取

样本的获取一般会考虑抽样策略以及样本规模的限定两个方面。抽样的本质就是通过对小部分样本的分析研究结果推广到全部样品的特性。风笑天也曾指出抽样的目的就是通过分析部分从而认识整体,抽样的要求就是希望获得的样本特征接近整体的实际特征[2]。

从抽样的策略角度讲,研究者会根据本人研究特征选取概率抽样和非概率抽样(表 23)。如一项关于国家青少年体育的相关调研就采用分层抽样的方式,以省辖市和省直管市、县及县级市、农村为三级样本框。另一项关于影响儿童少年运动能力的研究就是采用整群抽样的策略抽取 800 余名中小学生参加骨龄筛查。但是,样本中也存在严重的抽样规范性问题,如样本中有 55 篇论文(占比 48.67%)未对抽样的过程进行明确的表述。

---

① 陆广.我国职业篮球运动员协会构建研究:域外经验与本土设计[D].武汉体育学院,2021.

② 风笑天.社会学研究方法:走向规范化与本土化所面临的任务[J].华中师范大学学报(人文社会科学版),2005(06):44-48.

表 23　问卷法样本抽样情况

抽样方法	问卷法样本数	所占比例/%
无抽样策略	55	48.68
概率抽样—分层抽样(类型抽样)	12	10.62
概率抽样—简单随机抽样	11	9.73
概率抽样—整群抽样(聚类抽样)	6	5.31
概率抽样—系统抽样(等距抽样)	2	1.77
非概率抽样—偶遇抽样	22	19.47
非概率抽样—滚雪球抽样	3	2.65
非概率抽样—定额抽样	2	1.77
合计	113	100.00

此外,在样本获取还应考虑的另一个因素是样本规模。样本规模也叫样本容量,一方面能够直接影响调查总体的代表性;另一方面又对调查工作的人力成本和费用产生直接影响。社会学家袁方提出在确定一项研究的样本规模时应考虑研究的精确度、总体规模及样本的异质度、抽样策略、分类要求、未回答的情况以及研究经费预算等①。关于样本规模的界定,统计学与社会学的回答是不尽相同的。在统计学研究领域常将 30 作为界定标准,这是因为当高于 30 样本量时不管总体是如何分布的,样本平均数的抽样分布将接近于正态分布。但是从社会学研究看来,研究者需要对样本中的个案按照某一标准进行分类并在后续研究中对类别个案逐个进行分析,因此社会学通常将 100、300 和 1000 为界来界定调查的规模②。可喜的是,样本中出现了一些大规模研究,如一项关于我国休闲滑雪损伤流行病学的调查研究。该研究以黑、吉、辽三个省份不同规模的十家滑雪场的顾客为研究对象,以每年雪季结束后记录在册的事故登记信

① 袁方主编. 社会研究方法教程[M]. 北京:北京大学出版社,2013:19-21.

② 风笑天. 社会学研究方法[M]. 北京:中国人民大学出版社,2009.

息为样本,收集了共计2822条记录,为后续的调查提供基础性材料①。

2. 问卷设计

一般来说,在正式开始问卷设计之前需要进行探索性工作,这些工作可以是针对定量研究的补充性定性探究,如一定数量的访谈等。社会学学者风笑天曾经建议在设计问卷前可以开展一定数量的个案访谈,以了解被调查者的基本情况和行为特征,为问卷设计提供第一手素材。在探究性工作结束之后,需要完成题项的收集工作,一般可以采用的技术手段包括开放性调查、专家经验建议、现存测量工具的修订以及文献梳理参考等。但是,科学、规范的问卷题项设计是后续问卷信息处理的前提,应该在调查报告的明显位置对问卷题项的收集方式做以明确说明。可是从样本来看,这一要求的呈现并不理想,有55篇(占比48.67%)并没有明确说明题项的收集方式。

此外,在进行问卷设计时还需要注意题量的控制。题目过少会因为问卷维度过低难于保证调查的完整性和全面性,题目过多会因为受访者失去耐心导致回收率的下滑。因此,题量的控制一般在完整与便捷之间寻求平衡。样本中30题及以下的数量最多,共有68篇(占比60.18%)

3. 发放和回收

在发放和回收环节,一般需要关注三部分工作内容:有无试测环节、发放方式的具体表述以及与发放回收相关的数据呈现。

试测环节是问卷设计与大规模发放问卷间的中间环节,该环节的主要目标是对初步设计的问卷可能会出现的瑕疵或问题进行纠正。在实际的操作中,可以通过发放30—40份的试测问卷或者与一定数量的专家取得联系获得专家评价意见等。从样本来看,没有进行试测的样本共12篇

① 吴晓华. 东北三省休闲滑雪损伤流行病学调查与风险管理[D]. 上海体育学院,2021.

(占比 10.62%),这些样本存在比较大的规范性问题。此外,采用小范围试测的样本有 78 篇(占比 69.02%)。

问卷发放和回收是保证问卷调查的核心环节,常见的发放方式有集中答题、网络发放以及个别发送等。选择适合本人研究的问卷发放方式是保证回收率的基本保证。因此,有一些研究者根据自身研究特点采用多种发放方式。如有 8 篇样本(占比 7.08%)采用"集中答题+网络方式+个别发送"三种发放方式。关于理想的回收率,在不同的学者看来有一定的出入,但是总体的思想也是保证在获取资料足够作为研究之用的基础之上。如关于游击问卷的回收率艾尔·巴比曾指出"我认为要进行分析和报告撰写,问卷回收率至少有 50%才是足够的;要至少 60%的回收率才算是好的;要达到 70%就非常好"①。随后,他又对该结论作出了进一步的阐释,他指出"事实上,一个经过验证的没有偏误的回收问卷要比有偏误的高回收率重要的多"。我国体育心理学知名学者张力为曾指出"考虑是否有证据说明回收问卷群体没有偏误;邮寄类调查将 60%作为底线;现场调查以 90%为底线;要充分理解 60%和 90%两个数字并无统计学基础,仅指问卷回收难易程度的经验标准"②。因此,作为一线研究人员应该在充分考虑回收率的影响因素的基础上,根据现有资源进一步提升回收保证。

发放回收相关的数据呈现是最终体现在调查报告中的数据,一般包括发放数、回收数、有效回收数、回收率和有效回收率。最常见的错误是调查者对有效回收率的计算掌握不佳,误认为有效回收率是回收的有效问卷数与实际回收数的比值而不是与发放总数的比值。从样本中看,能够完全正确描述有效回收率数值的样本仅占全部样本的不到五成。

4. 数据统计

问卷发放后得到的数据信息往往是大量的、结构信息不明显的。要

---

① 〔美〕艾尔·巴比. 社会研究方法[M]. 邱泽奇译. 北京:华夏出版社,2018.

② 张力为. 体育科学研究方法[M]. 北京:高等教育出版社,2002.

想对这些错综复杂的数据梳理成有用的数据信息,那么数据统计就必不可少。也就是说只有通过数据统计技术才能深挖变量之间的关系,探寻研究问题的深层次机理。一般来说,从数据呈现的角度可以认为数据统计分为描述性统计、推论统计和多变量统计分析三类。其中,每一个问卷调查的数据分析都会用到描述性统计。我们可以从推断统计和多变量统计分析的使用情况、统计技术的使用趋势以及统计工具的使用来描述数据统计的使用情况。常见的推论统计技术有参数估计和假设检验。参数估计可以实现一个随机样本的统计值估算总体的参数值。假设检验则用来判断样本与总体或样本与样本的差异是由本质差别引起的还是由抽样误差引起的。在样本中研究者通过假设检验(占比 31.44%)用来检验不同性别、职业、学历层次、年龄层次的人群在体育研究领域态度、需求、行为、价值观念的差异。其中 T 检验、卡方检验和 U 检验的使用比例最高。常见的多变量统计分析记住包括方差分析、相关分析和因子分析,分别占比 30.97%、23.01%和 13.27%。此外,样本中还出现一定数量的探索性因子分析、回归分析、验证性因子分析和主成分分析技术。

2017—2021 年,体育学博士论文关于统计方法的使用存在一个趋势(表 24):推论统计和多变量统计分析所占比例逐渐上升。2017 年,仅使用简单描述统计的论文所占比例约为三成,2018—2021 年该比例逐年下降,推轮统计和多变量统计分析的比例逐年上升。这一现象说明研究者更加重视对数据的深度挖掘,对数字的理解和技术的掌握更加深入,实现了单一简单描述到推论统计与多变量统计分析相结合的方式。

表 24　统计方法技术分布

年份	问卷法当年使用篇数	简单描述统计		推论统计		多变量统计分析	
		篇数	占比%	篇数	占比%	篇数	占比%
2017	19	6	31.58	8	42.10	5	26.32
2018	26	7	26.92	12	46.16	7	26.92
2019	31	7	22.58	15	48.39	9	29.03
2020	17	3	17.65	6	35.29	8	47.06

续表

年份	问卷法当年使用篇数	简单描述统计		推论统计		多变量统计分析	
		篇数	占比%	篇数	占比%	篇数	占比%
2021	20	3	15.00	5	25.00	12	60.00
合计	113	26	23.01	46	40.71	41	36.28

从数据统计的角度来看,问卷法最常使用的分析工具为 Excel、SPSS 及结构方程模型。从表 25 单篇论文统计工具使用数量分布和表 26 统计工具使用频数分布可以总结出 2017—2021 年我国体育学博士生统计分析工具使用的两个规律:第一,博士生擅长根据本人研究特点选用适合的统计工具从而达到数据处理效率的目的,其中两种工具配合使用的占比最高;第二,SPSS 的使用较 Excel 来说有明显的上升趋势,结构方程也逐渐成为研究者喜好的数据分析工具。

表 25　单篇统计工具使用数量分布

年度	1 种统计工具		2 种统计工具		3 种统计工具		当年篇数
	篇数	%	篇数	%	篇数	%	
2017	4	21.05	12	63.16	3	15.79	19
2018	9	34.61	14	53.85	3	11.54	26
2019	8	25.80	18	58.06	5	16.12	31
2020	6	35.29	9	52.94	2	11.76	17
2021	5	25.00	12	60.00	3	15.00	20

表 26　统计工具使用频数分布

年度	Excel		SPSS		结构方程模型		当年篇数
	篇数	%	篇数	%	篇数	%	
2017	8	42.11	9	47.36	2	10.53	19
2018	10	38.46	11	42.30	5	19.23	26
2019	10	32.26	17	54.84	4	12.90	31
2020	4	23.53	10	58.82	3	17.65	17
2021	5	25.00	11	55.00	4	20.00	20

5. 质量保证

对于问卷法的质量保证可以从信度和效度两个维度来考量。从样本来看，这两方面存在过分强调重测信度和专家效度权威性的问题。样本中有 14 篇（占比 12.39%）没有明确说明使用何种信度校验。常见的信度检验方法包括：重测信度、同质性信度、副本信度、评分者信度等，其中重测信度检验占比最高，达到 63.72%。重测信度会受到间隔时间、对象性质和条件等诸多因素的影响。因此在实际使用时，还应注意使用的规范性，如重测份数，间隔时间等。在研究样本中写明重测份数比例为 48.67%，从经验角度讲 30 份的重测份数较为合适，并把握间隔 2—4 周的间隔时间，符合经验值的重测信度检验只占比 33.63%。

从角度角度来看，无效度检验的问卷 9 套（占比 7.96%）。专家效度检验方式的使用频率最高，占比 60.18%。但是，专家效度也存在明显的误用，如对专家概念的理解存在偏差。很多博士生将普通教师、工作人员界定为专家。此外，专家效度检验表应呈现在附件中并且应标明专家效度表的发放份数。

四、问卷法的必备流程

本研究根据前期的整理并查阅相关文献将问卷法的规范性流程分为以下几个步骤：探索性工作、设计问卷初稿、小范围试测或专家评定、样本数确定及抽样、修改定稿并印刷、问卷的正式发放和回收、信效度检验和统计数据及分析（图 3）。

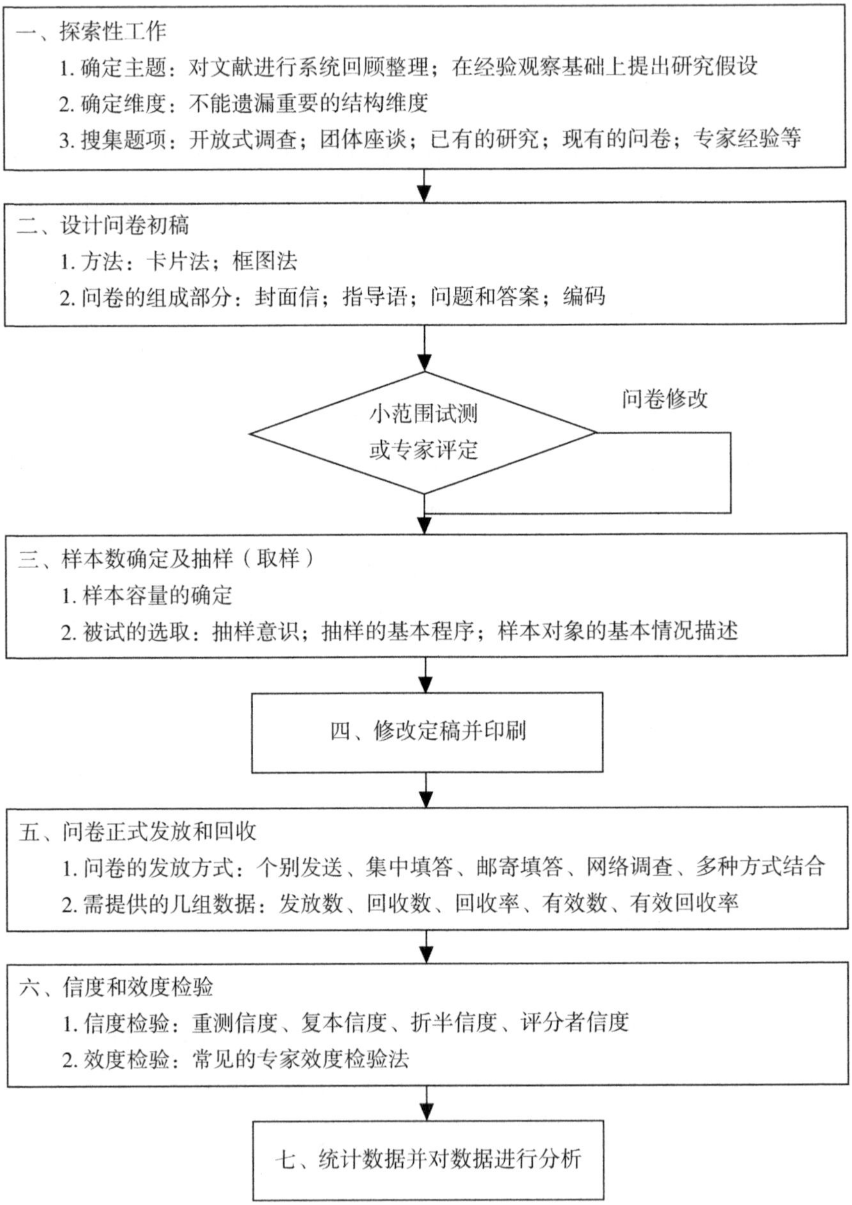

图 3　问卷法的规范性流程

第二节　实验法

一、对实验法的理解

实验法适用于范围有限、界定明确的概念与假设，也就是更适合解释而不是描述。在传统实验中，不得不说的三对主要成分包括：自变量与因变量、实验组与控制组、前测与后测。

变量是定量研究的基本单位，一般是指能够承载不同的值或类别的条件或特征。与变量对应的概念是常量。常量是某一变量的单一值或类别。如性别包括男性和女性，其中性别为变量，男性或女性为常量。此外，在一般研究中还可以将变量分类为类别变量和定量变量。类别变量是指一个现象的不同种类或类别组成的变量，如常见的性别变量就是由男性和女性两个类别组成。定量变量是因一个现象的程度或数量不同而变化的变量，如年收入变量就包含从零到高收入的不同收入水平。在一项实验中，定量往往承担不同的角色，如自变量、因变量、中介变量、调节变量和无关变量，各类变量的明细如表 27 所示。

表 27　变量主要承担的角色

变量角色	释义
自变量	引起另一变量发生变化的变量，也叫原因变量
因变量	因另一变量的变化而产生变化的变量，也叫结果变量
中介变量	有助于描绘变量之间互相影响过程的变量
调节变量	描绘在不同的条件或情况下利益关系是如何发生变化的变量
无关变量	在解释一项结果时，可能对自变量产生竞争的变量

实验组是用来观察接受刺激的被试分组,控制组是用来观察未受到刺激的被试分组。一般来说,控制组在实验设计中不可或缺。比如,在医学类实验设计中,实验组用来测试服用新药的效果而控制组被试也服用安慰剂,从疗效的角度来测算新药对实验组的疗效效果。此外,在社科研究控制组还能用来除外在因素对实验的影响。

在简单的实验设计中,实验被试首先要以因变量的身份接受实验前测,然后被施以实验刺激,再以因变量接受后测。因此前测与后测之间的差异被理解为自变量对因变量的实验影响。

二、样本中实验法的应用

2017—2021 年体育学博士论文中采用实验法的论文数为 123 篇,占总体论文比例的 36.28%,年度与专业统计数据如表 28 所列。

表 28　实验法在样本中的分布

学科专业	2017	2018	2019	2020	2021	总计
民族传统体育学	0	0	1	0	0	1
体育工程	0	0	0	0	1	1
体育教育训练学	8	11	8	9	6	42
体育人文社会学	0	1	0	0	2	3
运动康复	0	0	0	0	2	2
运动人体科学	16	24	19	0	15	74
总计	24	36	28	9	26	123

三、实验法使用的规范性问题

实验法的规范化使用要把握实验前、实验中以及实验后各个阶段。在实验前,要明确实验的研究假设、确定实验的类型并抽取适量的研究样本;在实验中要确定观察指标及测量方法;实验后要进行研究所收集到数据的梳理和统计工作。

1. 研究假说的确立

研究假设的确立可以通过搜集相关文献来完成,研究者可以根据个人的研究设想和擅长,有目的有指向地寻找相关文献。在相关理论的指导下,依据前期文献的启示,在个人擅长的领域里寻找一个切入点。当研究者寻找到一个插入点,梳理现有的研究文献发现合适的选题时,选题就能够确立了。样本中对于研究假设的确立都较为规范,都能够在先前研究文献的梳理基础上,提出创新性的问题。如样本中的一项研究就是在回顾了大量药物依赖康复文献、有氧运动的康复效益研究以及药物依赖者抑制功能障碍研究的基础上,大胆提出了有氧运动之于药物依赖的康复手段假设①。

2. 实验类型的确定

关于实验类型的分类不同的学者看法不同,本研究在借鉴前人分类标准的基础上,把实验分为自然实验、实验室实验、调查实验和田野(实地)实验四种类型。

自然实验被广泛应用于社会学及管理学领域,但是在体育学研究领域中并不常见。该种实验设计类型强调实验被试(个体或群体)被自然地暴露在实验或控制条件下。此种设计能够保证外在效度的基础上,自然事件能够作为干预的实验设计方式②。

实验室实验广泛应用于运动人体科学、运动康复专业的研究范畴中。该种设计能够实现完全由实验者操作和控制,对研究被试进行前测后测,

---

① 陈一凡. 有氧运动对男性甲基苯丙胺成瘾者药物渴求影响的认知神经机制[D]. 上海体育学院,2021.

② 汪京强,吴贵华. 旅游心理研究领域的实验方法转向[J]. 旅游学刊,2020,35(12):4-6.

并规范实验组和控制组获得刺激前后的差异从而获得研究结论。在自然科学领域中,实验室是占比最高的实验设计方式,能够保证极高的内部效度①。

调查实验是在一项调查中嵌入一项实验研究,通过将调查对象分配到不同的控制条件和处理条件中继而分析调查结果。样本中的一项关于大学生体质健康促进的研究就是采用个性化的设计思路,将实验研究融入问卷调查中。对实验组进行运动处方管理和个性化的体育课教学,得出这两个维度的影响对大学生健康促进以及技能学习的影响作用②。

田野(实地)实验是在一个有界限的场所范围内,如一个特点的区域,村庄或地域完成"田野调查"。研究者与实验被试以"在一起"和"同吃、同住、同劳动"的原则,实现在真实世界中完成实验流程。该种设计采用"S-E-R 模型"(E 中间变量。S 与 R 分别代表刺激与反应),体现出田野实验的活动性与生活性。田野实验最经典的应用当属于梅奥教授的霍桑实验,以一定边界中生活的人为研究者的研究对象开展调查和实验研究③。

3. 样本的抽取

样本的抽取不仅仅包括样本的获得过程,还应包括研究总体的界定、如何获得样本(抽样的策略)、样本量的确定标准以及研究被试的基本情况描述。

样本总体情况的界定是一项实验室研究的基本,在演绎逻辑的指导下,从有界限的整体中抽取一部分研究对象进行实验操作,将实验研究的结果推广到有界限的整体是定量研究的内核。因此,需要在实验之前对

---

① 郝龙. 互联网社会科学实验:方法创新与价值评价[J]. 中南大学学报(社会科学版),2020,26(06):163-174.

② 肖晞,王琳. 国际关系研究中的实验法[J]. 国际观察,2017(02):28-43.

③ 李静. 田野实验法:民族心理学研究方法探析[J]. 民族教育研究,2018,29(03):47-53.

研究总体做出界定和描述。

但是在实际的工作中，对全部的总体被试进行实验处理也不够现实，鉴于时间、精力、资金的约束，必然对研究总体进行抽取。一般来说，抽取策略包括概率抽取和非概率抽取，可以根据当时的实验条件和选题的适切性进行选择。如果研究主要针对于探究性，对研究推论的要求并不高，那么就可以采用招募和问卷调查的非概率抽样。如样本中有一项关于老年人抗阻训练健身方案的相关研究。该研究的目标是构建针对老年人年龄阶段的训练方案，以问卷和招募的方式拟定实验组和对照组，在实验组进行 12 周的抗阻训练后针对肌肉力量、体质检测指标、身体成分以及骨密度等维度进行检测，对比抗阻训练对老年人健身效果的积极作用①。此外，有一些研究由于研究主题的限制只能采用招募的形式，如一项关于大学生尼古丁依赖对认知记忆功能影响的研究。该研究要求被试必须属于尼古丁依赖者，入选标准是日均吸烟量 5 支、身体健康无家族病史、自愿原则并签署知情同意书等②。可是，对于调查研究来说，能够做到严格意义上的抽样调研少之又少，因为即使是按照所属地区、年龄等条件对潜在研究对象进行理想状态地抽取，也会由于被试的配合度问题难于保证样本数量。因此，正在体育学研究领域中概率抽样的严谨性还需要进一步地规范。

被试确认后还需要对被试的基本情况进行说明，如以人为实验研究的基本对象时，需要对被试的性别、年龄、学历状况、个人生活习惯以及与研究相关的生理指标等畸形描述。如果是以动物为被试对象的实验，需要对动物被试的饲养条件及购买出处等进行详细说明。

4. 实验中的指标记录及测量

一般而言，实验开始之前需要对实验的时间、地点、工具的选取做详

---

① 侯志涛. 老年人抗阻训练健身方案制定和效果研究[D]. 北京体育大学，2015.

② 周跃辉. 运动对尼古丁戒断个体的认知功能影响及机制[D]. 上海体育学院，2016.

细说明,而后对实验研究的具体设计方案进行严格陈述。在对样本进行设计时可以采用被试间设计,该种方法只对被试进行一种操作从而避免不同方式对研究对象处理的混淆影响。但是,样本中研究设计部分还存在一些瑕疵,比如组间变量与组内变量混淆的情况。也有一些研究在设计时虽然确定了实验组和对照组,但是对于随机性的说明不够详细。如样本中一项研究对被试的选取权描述为“选取 XX 体育院校竞技体育学院中长跑运动员 14 名,其中一级运动员 6 名,其余均为二级运动员,并将 14 名被试分为实验组 7 人和对照组 7 人”。这种设计方式至少包含两方面问题:不同运动等级运动员的分组标准以及实验组与对照组划分的随机性问题。

5. 统计分析

体育学研究数据统计工作会随研究内容的不同有些许变化,但都需要考虑至少两方面的内容:工具的选取和具体方法的实施。样本中使用率最高的工具是 SPSS,该工具适用于基础性的数据处理工作,对传统的实验数据的记录、描述和挖掘都很擅长。此外,样本中有一些研究需要使用特殊的图像处理工具,如需要将实验中光学显微镜拍摄所得图像经过 CurveExpert 和 Image-Pro Plus 软件的处理进行更进一步的处理。此外,在数据统计方面存在的问题较大,大部分的实验仅对实验数据做简单地描述统计,没有对因果关系等进行进一步探究。

6. 知情同意与实验伦理

实验伦理是贯穿于整个实验研究过程之中的,不管研究对象是物是人,都需要对实验伦理给予必需的重视。如果研究对象为实验动物,那么在研究对象的运动或药物干预手段都必须是遵循国际实验动物的伦理标准并且取得培养单位关于实验动物管理和伦理道德委员会的批准。如果研究对象为人,需要在实验进行前完成知情同意书的签订。此外,对于特殊人群,如未成年人要取得监护人的知情同意。如果研究对象是老人,还需要注意对研究过程中可能造成的身体损伤和危险情况做出详细的说明。

四、实验法规范性流程

本研究根据前期的整理并查阅相关文献将实验法的规范性流程分为以下几个步骤:准备工作、实施工作和数据处理与解释(图 4)。第一,在准备工作阶段,要明确研究目的,形成研究问题;以大量文献研究为基础收集相关信息,提出理论假设;以研究目的为标准选取实验对象,说明实验的方式和方法,制订初步的实验方案。第二,实施工作,在该阶段对研究的自变量和因变量进一步厘清;开展前测,对实验组对象进行实验激发,开展后测。第三,资料处理,在该阶段要整理分析资料并撰写实验报告。

一、研究的准备工作

1. 假说确立: 从理论依据中得出; 从前人资料中总结得出; 保证实验构思效度
2. 确定实验方案与实验类型: 确定具体采用哪种实验类型（实验室实验、自然实验、调查实验或田野实地实验）; 充分考虑被试间设计与被试内设计
3. 研究总体确定与样本抽取: 研究总体方面要注意演绎逻辑下对研究总体的认识以及对有边界研究总体的描述; 抽样要充分考虑概率与非概率抽样的适用条件

↓

二、研究的实施工作

1. 确定实验时间、地点和装备的准备;
2. 自变量与因变量的确定;
3. 详细观察与描述记录

↓

三、数据的收集和统计

1. 统计工具的选取（数据收集工具、绘图工具以及结果呈现工具）;
2. 统计工作的实施（简单描述统计、假设检验以及统计推断）;
3. 研究结论的最终呈现

图 4　实验法规范性流程

第八章　定性研究

第一节　定性研究需厘清的几个问题

一、什么是定性研究？

定性研究是以研究者本人为研究工具，在自然环境下，采用多种资料收集方法，对研究现象进行整体性的探究，从原始资料中形成结论或建构理论，通过对研究对象的互动，对其行为和意义建构获得一种解释性理解的活动。其中，多种资料的收集方式可以包括访谈、观察和实物分析等①。

一项定性研究往往将兴趣点聚焦于描述、解释和分析上。其中通过被研究者的惯常社会行动的了解完成描述过程，通过理解被研究者对自己行动意义的解释完成解释过程，通过将被研究者的行动和解释置于特定的历史环境中进行学理探究完成分析过程。

此外，定性研究与定量研究不同的是，它并不是一个直线的设计，具有循环往复的特征（图5）。比如，当研究者确定研究问题进入研究现场收集资料后，可能会在分析资料的时候发现资料不足，可以重新进入现场

① 陈向明. 质的研究方法与社会科学研究[M]. 北京：教育科学出版社，2000：24.

继续收集。甚至研究者认为研究问题设计不够好，也可以重新设计研究问题。

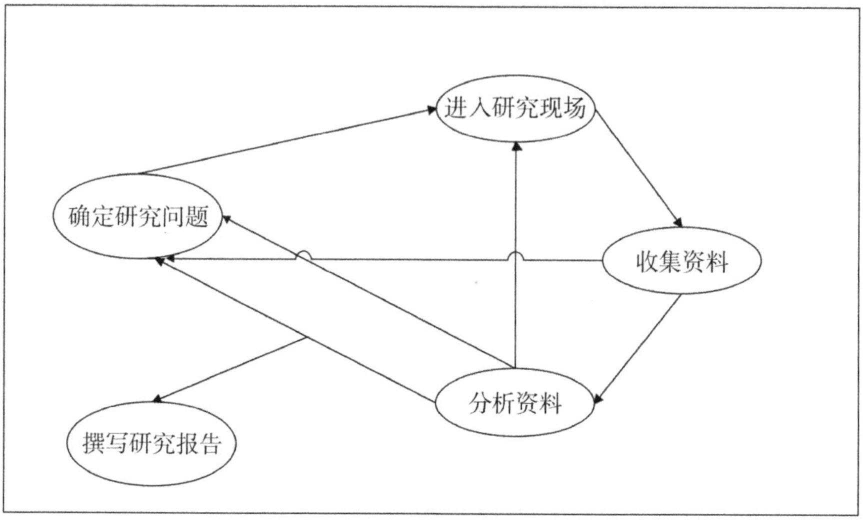

图 5　定性研究的循环往复过程

定性研究的效度该如何理解呢？定性研究与定量研究在效度问题的理解上截然不同，定性研究的效度主要考察一项研究的研究问题与研究目的、方法和情境的一致性①，而且这个一致性随着研究的开展不断地聚焦。

二、定性研究的特征与性质

王富伟曾对定性研究进行再定义，指出："定性研究是研究者在自身参与保持反思的前提下，对特定的情境下的问题进行系统的意义探究。"②在这一定义中，可以看出定性研究具有多样性、复杂性、情境性、探

① 陈向明. 质的研究方法与社会科学研究[M]. 北京：教育科学出版社，2000：24.

② 王富伟. 个案研究的意义和限度——基于知识的增长[J]. 社会学研究，2012，27(05)：161-183.

寻意义、了解过程、重研究关系等特征，与社会实践具有天然的亲和性。

三、定性研究的主要路径

定性研究究竟具有哪些基本的类型或者说定性研究的方法体系如何，这也是一个难以统一的问题。有一种说法对定性研究的类型描述为“一把大伞”或“定性研究是无数变化着的伞状术语集”。我们可以认为，在定性研究者一把大伞之下，包含了多种研究策略、方式与方法路径（表29）。如专注于“研究对象数目”为特征的个案研究、以“理论创新”为目标的扎根理论研究、以“探究个体生活经历”为目标的叙事探究、以专注于“亚文化群体习俗价值观”的民族志研究以及“话语形式与主题分析”的话语研究等[①]。每种定性研究技术在焦点聚焦、适用情境、学科背景、分析单位、资料的收集与分析、撰写报告等维度的辨析如表所列：

表29　常用定性研究路径的对比

维度	个案研究	扎根理论	德尔菲法	叙事探究	民族志	话语分析
焦点	对单个或多个个案进行深入描述及分析	根据收集到的资料生成理论	匿名、反馈和迭代	探究个体生活	共有文化群体的深描和解释	对话语形式及主题进行分析
适用情境	个案的超越性	依据参与者的观点完成理论建构	理论未建构；社会性心理因素影响	分许个体经验，叙述故事	独具一个共有文化群体的描述和解释	对话语形式及其围绕对主题进行分析
学科背景	政治学、心理学、法学、医学等	社会学	人文社科领域	教育学、历史学、文学、心理学	人类学	语言学

① 风笑天.定性研究概念与类型的探讨[J].社会科学辑刊,2017(03):45-52.

续表

维度	个案研究	扎根理论	德尔菲法	叙事探究	民族志	话语分析
分析单位	单个或多个的事件、活动等	多人行动策略	意见迭代打分	单一或多个个体	只有文化的群体	语言形式
资料收集	多种来源	文本及访谈	专家意见	文本及访谈	参与式观察	言语文本信息
资料分析	描述个案及主题	三级编码		依据时序讲故事	文化习俗的整体性描述	形势分析
撰写报告	对个案进行细致地分析	生成理论	分析条目迭代	叙事	共有文化群体生活	分析语言形式

第二节 定性研究的主要技术

因很多定性研究方法都使用访谈和观察技术，故本研究不将访谈和观察作为单独的定性研究方法，而将二者作为定性研究的主要技术分别介绍。

一、访谈技术

陈向明曾总结出访谈技术和日常谈话的基本区别，可见访谈是一种跟日常交谈完全不同的研究技术。访谈具有特定的形式，有着明确的目的，访谈双方的权利和地位也不尽相同。在访谈过程中，访谈者希望在与被访者的沟通中了解他们的思想，并能够从陈述的个人经历中搜索出对某些特殊事件的个人解释。被访者也能实现发自内心地畅所欲言，建构基于个人的自身文化①。

观察和访谈技术常常结合一起使用,如在田野调查中调查者可以在观察的基础上拟定访谈提纲。与观察技术相比,访谈具有更宽的资料获得途径。比如,在访谈中可以实现提问和倾听,与仅仅支持用眼看的观察来讲,获得的途径明显增大了。此外,观察局限于被研究者的外显行为而访谈能倾听被访者的内心之声,从而利于探究其背后的隐含意义②。

此外,访谈还经常与问卷调查综合使用。问卷能提供大范围、高效、批量的信息处理功能,但是与之宏大叙事相比,访谈能够给予调查对象更大的自由度,能够实现个人思想观点的直接输出。尤其在问卷调查阶段不能获得的一些敏感信息,如果在访谈过程中访谈双方的沟通关系建立良好,那么这类信息的获取就大有希望了。

访谈法在近五年的体育学博士论文中得到了广泛的应用,除了运动康复和体育工程学外均使用了该方法,具体分布如表30所列:

表30　访谈法在样本中的分布

学科专业	2017	2018	2019	2020	2021	总计
民族传统体育学	0	3	2	2	2	9
体育管理学	0	2	2	4	4	12
体育教育训练学	17	21	19	8	7	72
体育人文社会学	3	9	2	1	13	28
体育心理学	0	0	0	1	0	1
运动人体科学	2	0	0	0	0	2
总计	22	35	25	16	26	124

从访谈的规范性流程角度可以分解为访谈前的准备工作、访谈实施以及访谈后的资料处理三部分内容。

① 陈向明.质的研究方法与社会科学研究[M].北京:教育科学出版社,2000:24.
② 陈向明.质的研究方法与社会科学研究[M].北京:教育科学出版社,2000:24.

1. 访谈的前期准备

访谈开始前需要做大量的准备工作，如：访谈具体形式的确认、访谈问题的设计、访谈对象的确定、访谈员的培训、访谈地点和时间的确定以及知情同意等研究问题。

（1）访谈具体形式的确认

访谈形式有着不同的分类标准，比如直接与间接访谈、结构与非机构访谈、个人与集体访谈等。本研究根据李博等在《我国学校体育研究中访谈法运用的问题探析》的分类方法，将访谈分为普通访谈、专家访谈、深度访谈和座谈会四种类型①。样本中使用最多的访谈形式是专家访谈（占比 67.74%），其次是普通访谈（占比 22.58%）和深度访谈（占比 2.42%）。此外，很多样本在使用访谈技术时是综合多类访谈形式，如“普通访谈＋专家访谈”（占比 3.23%）、“深度访谈＋专家访谈”（占比 2.42%）、“座谈法+专家访谈”（占比 1.61%）。这些不同的访谈形式对探究研究问题的深度，呼唤被访者内心的声音具有积极的意义（表 31）。

表 31　样本中访谈的应用案例

访谈类型	释义
专家访谈	也叫“精英人士访谈”，研究者借助深耕于某一领域权威人士的对话来获得对研究问题的权威综合认知及理解
普通访谈	访谈对象不拘泥于行业专家或学者，一般与研究主题相关的人士均可
深度访谈	类似生活史访谈。访谈提纲不仅由研究者个人设定，会考虑与访谈者共同建构、访谈问题更具开放性和弹性、访谈人数较少、访谈内容更重视深度而非人数数量、访谈者的个性特征更容易得到发挥
座谈会	又名“焦点团体访谈法”，更加适合探究型主题。一般是一名访谈员与多名访谈者就一个问题进行深入探讨，当访谈者提出的意见不统一时，通过研究讨论逐渐达成共识

① 李博，刘阳，陈思同，程杰. 我国学校体育研究中访谈法运用的问题探析［J］. 上海体育学院学报，2018，42（01）：56-63.

(2)访谈问题的设计

访谈问题的设计比较规范,各专业的样本均能够在附件中完全呈现访谈提纲,从题目数量来看,数量集中于10—15题。这个题量的设计能够在尽量涵盖研究选题的整体维度,并且保证每个受访者接受访谈的时间不超过半小时。

(3)访谈对象的确定

访谈对象的选取对最终研究具有很大的影响,如专家的专业性,一般访谈对象的典型性等。但是在样本中,访谈对象的选取往往伴随“随机与任意”的特点。抽取的标准及表述也不够明确,如大量样本对于访谈对象的选取描述为“本研究选取若干名与选题相关的对象进行访谈”。

(4)访谈员的培训

因本研究设计的样本均为博士阶段毕业论文,因此没有多个访谈员协作工作的情况。但是,如果是较大规模的社科研究需要多名访谈员共同工作,培训的标准化工作就必不可少了。

(5)访谈时间与地点的确定

大部分的样本能够在研究方法的章节中对访谈的具体形式(电话、面谈、会议等)、时间和地点的安排做详细说明。

(6)访谈伦理问题

访谈技术同样涉及伦理问题,如以青少年为访谈对象的研究应征求其监护人的知晓和同意。一些涉及隐私及私密问题的访谈,要签署知情同意书并经过学校学术伦理委员会的批准。如样本中一项关于兴奋剂使用的运动康复辅助研究,就是以上海市强制隔离戒毒所大队人员为研究对象,通过严格的纳入标准进行整群抽样。因涉及敏感人群,该项研究得到了上海体院伦理委员会的上会批准,同时所有的研究被试也签署了知情同意书[①]。

---

① 张志雷. 太极拳锻炼对苯丙胺类兴奋剂依赖者身心康复的研究[D]. 上海体育学院,2019.

2. 访谈实施

(1) 记录工具使用

样本中大部分论文能够明确表述在访谈过程中是如何完成记录的，一般会在取得受访者同意的前提下，采用录音或录音加笔录的方式。有一部分论文能够在附件中对访谈记录内容进行呈现。记录的内容也很丰富，包括访谈的时间、地点、主要问题、录音号以及访谈者与受访者的对答记录。

(2) 访谈策略

访谈策略是对访谈者基本专业素养的考量，陈向明曾提出在实施访谈时可以采用接近研究者、采用多种提问策略、遇到拒绝回答的回复技巧以及如何把握机会进一步追问等。但是，对于访谈策略的重视在本研究样本中还属于空白。

3. 访谈后的资料处理

对于访谈资料的处理主要涉及三个维度：处理工具的选取、结果呈现形式以及理论贡献等。在处理工具方面，比较常用的质性文本分析工具如 MAXQDA 系列和 NVivo 系列使用非常广泛，该类软件能够在文字资料编码的基础上谁先对信息的进一步提取、凝练和解释。在结果呈现方面看，几乎所有样本对访谈资料的分析成果均以文字报告的形式呈现。在理论贡献度方面，有一定数量的样本能够依据扎根理论原理，以被访者访谈记录为分析材料，构建适合于本研究主题的理论。

4. 访谈技术应用的规范性流程

本研究根据前期的整理并查阅相关文献将访谈技术的规范性流程分为以下几个步骤：现有研究的理论回顾、访谈前的准备、访谈数据收集以及结果呈现（图 6）。第一，现有研究的理论回顾，在该阶段能够明确研究目的并将目的进行一定程度的具体化。在查阅文献的基础上能够整理出

一、现有研究的理论回顾

1. 研究问题理论成果回顾；

2. 操作层面涉及指标的研判

↓

二、访谈前的准备

1. 问题设计、对象确定以及访谈员的培训；

2. 访谈时间、地点的确定，访谈工具的准备；

3. 访谈形式的确定：一般访谈、专家访谈、深度访谈和座谈会

↓

三、访谈数据收集

1. 记录形式选择：笔记、兼顾录音；

2. 访谈策略的使用：接近受访者、应对技巧、回应技巧、追问技巧以及应对拒绝的技巧等

↓

四、结果呈现

1. 数据整理；

2. 数据挖掘；

3. 尝试建构理论体系

图 6　访谈技术应用规范性流程

对研究问题参考意义重大的理论依据,形成研究变量简表。第二,访谈前的准备,在该阶段首先要完成访谈问题的设计,即在访谈前形成一套适用于研究主题的访谈提纲。访谈提纲的设计要注意简单、易懂、不容易产生歧义,题目也尽量开放,方便访谈者有足够的空间扩展。此外,还要本着“访谈者便利”的原则对访谈的时间、地点与被访者进行沟通并确认。访谈时间也要与被访谈者提前沟通,使之有足够的心理准备配合完成访谈

工作。最后要根据研究主题及被访者的自身特征选取合适的访谈类型。第三,访谈数据收集,在该阶段采用笔录或配合录音的形式保存访谈数据,并且在访谈开展前对访谈者进行一定访谈技巧的培训,如获得接近被访者的机会、如何在访谈过程中应对、回应和追问,以及一旦遇到被访者拒绝的情况,如何化解并获得深入沟通的机会。第四,结果呈现,在该阶段完成数据的整理、深度挖掘以及利用扎根理论基本原理实现理论创新性建构。

二、观察技术

观察法是在一定的情境中,研究者通过肉眼感官或借助一定的工具仪器有目的、有计划地考察并描述研究对象,完成资料收集的方法。一般认为观察属于定性技术,但是也有专家认为观察也可以实现定量观察的目的。如伯克逊在 2015 年提出了一种定量观察的观点,他认为观察可以确定在什么时间地点,观察什么对象以及观察怎么样的内容,从而获得频数、百分比、频率等定量观察数据①。定量观察可以实现非语言行为、空间行为的测定,而且工具多为封闭性的,观察数据可以应用于假设检验。

从研究样本中观察技术的使用来看均属于定性范畴,有 23 篇样本使用了观察技术(表 32),专业涉及民族传统体育学、体育教育训练学和体育人文社会学。

表 32　观察法在样本中使用的分布

学科专业	2017	2018	2019	2020	2021	总计
民族传统体育学	1	0	1	0	1	3
体育教育训练学	1	7	2	2	3	15

① 〔美〕约翰逊等. 教育研究:定量、定性和混合方法[M]. 马健生等译. 重庆:重庆大学出版社,2015.

续表

学科专业	2017	2018	2019	2020	2021	总计
体育人文社会学	2	1	0	0	2	5
总计	4	8	3	2	6	23

从必备流程的角度可以将观察技术分解为观察类型、观察准备、观察实施以及对观察后的反思四个阶段。

1. 观察类型

关于观察法的表述比较混乱，研究者依据自己研究的侧重点强调观察法的 7 种使用类型。其中，观察法 5 篇、录像观察法 4 篇、跟踪观察法 1 篇、参与观察 4 篇、非参与观察 2 篇、参与式观察与非参与式观察相结合 2 篇、实地观察法 3 篇、比赛观察统计法 1 篇、局外观察法 1 篇。从观察法的使用分类角度来看，按照研究者是否参加被观察者的活动可以分为参与观察和非参与观察。按照观察活动是否借助仪器，可以分为直接观察和间接观察。

一项关于我国女子手球运动员射门技术以及身体运动功能训练的研究采用录像观察法，借助已经构建的射门技术动作分析指标，以巴西里约奥运会、德国世界女手锦标赛、匈牙利世界青年女手锦标赛关键场次的比赛录像为样本进行视频抓取和录像观察分析①。

另一项关于中国高尔夫球运动发展的跨文化研究，研究者在三年间的实地观察中走访了 23 家国内外高尔夫俱乐部，观察这些俱乐部的种类、企业定位、运营方式、客流量及价格明细等②。

2. 观察准备

观察前的准备工作应包括明确目的、确定内容、制订计划以及设计观

---

① 李洋. 我国女子手球运动员射门技术特征及身体运动功能训练效果的实证研究[D]. 首都体育学院，2021.

② 覃立. 中国高尔夫球运动发展的跨文化研究[D]. 湖南师范大学，2021.

察提纲四部分。样本能够就观察目的和内容进行详细表述,但是研究计划的列定以及研究提纲的整理就很欠缺了。如一项关于梅花拳传承的身份认同研究,研究者以参与观察的方式参与多次集体活动,对弟子之间的交流方式进行亲身体验和体会,对研究目的和研究内容进行详细的表述①。但是,在全部的23份样本中没有对观察计划和观察提纲做明确说明的范例。

3. 观察实施

在观察的实施阶段要完成观察策略的选择以及观察的记录。

(1)观察策略的选择

样本中参与观察策略选取的比例最高,参与式观察策略能够最大限度地置身于研究情境中,对研究对象进行全方位、沁入式的观察和理解。如样本中一项关于村落体育表演的研究,在2017—2020年走访了六个主要的田野点进行,统合民俗学、历史学和文化学的理论知识对研究议题进行全方位的参与式观察②。

样本中另外一项研究选取了一个设立多年的彩票销售站为观察点,采用"时间取样观察策略"。该彩票点场地与设备较新,并且能够在世纪杯期间提供通宵营业服务,因此吸引了大量的体育迷在现场看球购彩。研究者以世界杯期间每晚10点到次日凌晨2点为观察时间,以购彩者的金额类型、交流情况、比赛观看过程中的语言、神态、情绪等为观察内容开展非参与性观察③。

(2)观察记录

观察记录应在论文的附件中呈现,样本中一项关于重度智力障碍儿童的适应体育研究就符合观察记录的规范要求,在附件中提供了环境观

① 赵景磊. 梅花拳传承中的身份认同研究[D]. 上海体育学院,2019.

② 周芳. 乡村振兴战略下村落体育表演的发展路径研究[D]. 曲阜师范大学,2021.

③ 徐家熹. 购彩行为、购彩认知与问题购彩的交互影响——基于上海市体育彩票彩民的实证研究[D]. 上海体育学院,2018.

察记录、备课表以及教学训练课观摩记录等①。

4. 观察活动的反思

样本中对于观察活动的记录以及通过对记录的整理、思考上升为研究结论的规范性程度较高,但是对于整个观察活动的反思性思考略显薄弱。在观察活动中一般应包含研究者的个人笔记,该笔记用于观察过程中研究者的所思所想并在研究报告的附件中呈现。样本中仅有 2 篇在实地观察中提供了观察记录表,但没有提到研究者的个人笔记。

5. 观察技术应用的规范性流程

本研究根据前期的整理并查阅相关文献将观察技术的规范性流程分为以下几个步骤:观察前的准备工作、观察的实施以及对观察活动的反思(图 7)。第一,观察前的准备工作,在该阶段要明确观察目的、确定观察内容、制订观察计划并设计观察提纲。第二,观察的正式实施,在该阶段要对涉及观察的程序、格式和语言描述进行详细的记录,并在适当的时机运用各种观察策略。第三,对观察活动的反思,在该阶段要对观察推论进行深入思考,在做观察记录时是否将观察到的事件与个人的推论分开。还要思考是否依据观察者的思维方式对观察对象的行为进行个人意义上的解读,这种解读是否足够客观等。

① 王丹丹. 福利院重度智力障碍儿童适应性身体活动健康促进的理论与实践研究[D]. 上海体育学院,2019.

一、观察前的准备工作
1. 观察目的的明确；
2. 观察内容的确定；
3. 观计划的制订；
4. 观察提纲的设计

↓

二、观察的实施
1. 观察的记录：涉及观察的程序、格式和语言描述；
2. 观察策略的选择：参与式、时间取样、事件取样

↓

三、对观察活动的反思
1. 观察者的推论；
2. 叙述角度的确定

图 7　访谈技术应用规范性流程

第三节　德尔菲法

一、对德尔菲法的理解

德尔菲法的开发者为美国的兰德公司，该公司在 20 世纪 60 年代将该方法应用于需求评估、程序规划、资源利用与政策规划等多个决策领域。该方法重视集体交流的过程，本着“匿名、背对背”的方式征询专家

意见,经过大于等于两轮的专家决策意见趋同,最终得到未来决策的结论。

德尔菲法的应用情境非常丰富,主要在如下几个情境中使用:其一,研究主题尚没有统一的,可借鉴的、学界认可的理论成果,只能借助专家的意见构建研究的理论框架;其二,专家多样化的意见能够为一些研究主题提供更多的理论及应用探讨维度,并且这些专家尚不存在定期交流的机会;第三,实名制的会议等方式会抑制专家意见的提出,匿名的函询更能让专家畅所欲言①。

二、样本中德尔菲法的应用情况

2017—2021 年体育学博士论文中采用德尔菲法的论文数为 28 篇,占总体论文比例的 8.38%。年度与专业统计数据如表 33 所示。

表 33　样本中德尔菲法分布

学科专业	2017	2018	2019	2020	2021	总计
民族传统体育学	0	1	0	0	0	1
体育管理学	0	1	0	2	0	3
体育教育训练学	2	2	5	2	4	15
体育人文社会学	1	2	0	2	4	9
总计	3	6	5	6	8	28

三、德尔菲法使用的规范性

德尔菲法在使用的过程中,需要注意方法使用的适切性、方法特征(匿名、反馈和迭代)、专家的权威性、数据处理以及体系建构研究。

① 曾照云,程晓康. 德尔菲法应用研究中存在的问题分析——基于 38 种 CSSCI(2014—2015)来源期刊[J]. 图书情报工作,2016,60(16):116-120.

1. 方法使用的适切性

正如前文所述,德尔菲法的使用有其自身的适用情境和范围,如先前的研究成果没有能够直接借鉴的便利、专家可能会受到社会心理因素的影响采用背对背的形式利于他们的畅所欲言、专家也没有定期交流的机会和习惯等[①]。但是在样本中,有一些研究者对该方法的使用存在误用,如常常将德尔菲与普通的专家访谈、专家咨询或焦点小组讨论相混淆。样本中一项关于贵州世居少数民族传统体育发展研究就是在研究方法叙述中说明使用了专家访谈和德尔菲法,两类研究方法的主体群体重合,虽然专家涵盖了学科专家、当地民族体育管理人员等,但是从报告数据等角度来看,仅表示发放德尔菲问卷,但是与访谈内容等区别与联系并未报告[②]。

2. 方法特征(匿名、反馈和迭代)

匿名、反馈和迭代是德尔菲法规范使用的最基本的方法学特征。匿名要求专家组中专家对其他同组专家并不知情,这样能够保证专家在意见函询的过程中充分表达个人观点而不受实名制的影响。反馈是在多轮的交流中能够及时将上一轮的意见建议以及数据信息提供给专家,这样能够在一定意义上弥补专家考虑问题的完整性,发现问题及时纠正。迭代是在意见征集的过程中,征集的条目是先多后少,从分散到集中的状态,这一收敛的过程体现出迭代的思想。

样本中一项关于省级体育彩票公益金使用的绩效评价研究就是采用德尔菲法,选取了 15 名擅长于本研究领域的专家进行两轮德尔菲匿名问卷[③]。在指标体系形成的章节中就问卷形成、专家团队的选择、每轮专家

① 曾照云,程安广. 德尔菲法在应用过程中的严谨性评估——基于信息管理视角[J]. 情报理论与实践,2016,39(02):64-68.

② 向宇宏. 贵州世居少数民族传统体育发展战略研究[D]. 北京体育大学,2018.

③ 霍圣录. 省级体育彩票公益金使用绩效评价研究[D]. 上海体育学院,2021.

咨询结果以及专家意见汇总进行详细说明。此外,还将两轮问卷以附件的形式呈现在论文的附录中。

3. 专家的权威性

专家的权威性一般可以从四个方面加以保证:专业性、身体条件与精力允许、自由发言以及开放回馈①。从专业性的角度来看,国内对于专业性的界定多源于研究领域、职称以及领域的研究年限等。身体条件与精力允许的考虑是鉴于有些研究因为专家意见不够统一需要多轮次的迭代,需要耗费专家大量的时间和精力。因此为了避免专家中途退出,对专家的精力投入做出要求。“自由发言”方面,因德尔菲法的诉求是专家的个人意见而不是专家团队的组织意见,所以需要专家在不考虑外界因素的前提下就研究问题畅所欲言。开放反馈是要求专家在每一轮的函询之后,能够通过研究者获得其他专家的意见和建议,并对个人意见就行修订。

此外,在一些方法书籍中还提到了专家的同质性及异质性问题。如研究主题是专业性极强的选题,那么专家的选取就以同质性的为主;如果研究选题横跨的多个学科、交叉性很强,那么就在专家选取的时候考虑学科的异质性专家团队。上文中提到的彩票公益金使用的绩效评价研究在专家团队的组建时就考虑到了学科教授、政府主管部门负责人以及奥委会相关专家等。专家数量角度,如果是同质性的专家团队那么整体数量在10—15人比较恰当,如果是异质性研究团队,不同领域的专家数量在5—10名即可以满足条件。从样本数据呈现来看,基本上德尔菲专家数量在10名左右,在一定程度上满足了专家团队涵盖的广泛性以及方法使用的效率性。

① 李博,任晨儿,刘阳. 辨证与厘清:体育科学研究中“德尔菲法”应用存在的问题及程序规范[J]. 体育科学,2021,41(01):89-97.

4. 数据处理

德尔菲法数据处理一般需报告四类指标：体现专家积极程度的积极系数、体现权威程度的权威系数、体现意见协调程度的协调系数以及体现意见集中程度的变异系数、满分频率以及重要性评分均数（表 34）。

表 34　德尔菲法需报告的数据

维度	主要指标	释义
积极程度	积极系数	回收率来表示，高回收率的问卷说明专家对这一研究问题的的重视及积极程度较高，而较低的回收率则说明专家对该项研究不感兴趣
权威程度	权威系数	专家的权威系数主要通过专家对调查内容的判断以及对调查问题的熟悉程度，这两项均为专家的自评分
协调程度	协调系数	协调系数体现某项指标的权重评估的协调程度，数值越大体现专家意见的协调程度越高。该指标是决定停止意见征询的关键指标，一般认为超过 0.7 即可以停止意见征询
集中程度	变异系数	变异系数是重要性评分标准差与均数的比值。变异系数的数值越小，说明该指标的专家意见协调程度越高
	满分频率	满分频率是某一指标被专家赋值满分的人数与家总数的比值，数值越大说明该指标的重要程度越强
	重要性评分均数	重要性评分均数表示某项指标重要性评分的算术平均值，其数值越大体现出该指标在体系中的重要性越大

从样本实际呈现来看，积极系数，协调系数以及变异系数和满分频率的呈现较为完备，28 篇样本中这几项数据都呈现率为 100%。但是，权威系数和重要性评分均数的缺失率较高，仅有 5 篇样本能够将这两类数据进行完整报告。

5. 预先定义问题表

预先定义问题表又称为指标池，规范性的获取指标池的方法应该由德尔菲专家确定，研究者仅需要提供给专家研究主题，由专家建议指标池的内容。但是从样本中来看，几乎所有的样本指标池均由研究者自行确定，与传统德尔菲法的使用存在出入。

6. 后续的应用研究

一般在指标体系的构建中，要在后续进行与研究主题一致的应用研究。换句话说，必要的应用研究是一项指标体系构建研究的必备环节。但是，从样本实际的应用情况来看，仅有少部分样本能够在确定指标体系之后进行后续的实证研究。如样本中一项关于高校体育专业技术课青年教师专业素质的研究在先前 4 轮德尔菲函询的基础上，形成了《高校体育专业技术课青年教师专业素质调查问卷》，并以此为工具在 2019 年 4—6 月向东三省的 3 所体育院校、13 所综合院校体育院系以及 11 所师范院校体育院系发放问卷 569 份①。

德尔菲指标体系创建后，随之进行的应用研究是检验生成指标体系的必备流程，也是检验德尔菲研究成果准确性的有效保证，更是体育科学研究成果转化率的提升手段之一。因此，对于该方法来说，后续的应用研究必不可少。

四、德尔菲法规范性流程

本研究根据前期的整理并查阅相关文献将德尔菲法的规范性流程分为以下几个步骤：目标锁定、团队组建、函询问卷发放回收以及应用验证研究四个步骤（图 8）。步骤一，目标锁定，在该阶段研究者向专家提供研究主题，一并将先前查找的文献综述、焦点小组讨论及参考成熟指标体系等提供给专家，完成问题池的构建。步骤二，团队组建，在该阶段以“专业符合、精力允许、自由发言、开放反馈”为基本原则组建专家团队，团队人数应考虑同质性和异质性的原则。在研究方法报告中应明确说明专家成员的人数、职称职务、研究领域等。步骤三，函询问卷的发放与回收，在

① 马卉君. 普通高校青年体育教师转化性学习研究[D]. 北京体育大学，2020.

该阶段在匿名的前提下,完成多轮函询,目的是专家意见逐渐集中,非集中条目逐渐削减,从而完成研究者知识的增长。需要注意的是,在方法表述中应报告函询轮次数、每次反馈内容、报告反应积极程度、权威程度、协调程度以及集中程度等几组数据并明确最终的指标体系。步骤四,在条件允许的情况下进行一定数量的应用验证研究,在该阶段利用上一步骤形成的指标体系,进行一定样本量的实证检验,目的是对指标体系进行实证检验,并在一定程度上实现研究成果的转化。

一、目标锁定

研究者向专家提供研究主题，一并将先前查找的文献综述、焦点小组讨论及参考；成熟指标体系等提供给专家，完成问题池的构建

↓

二、团队的组建

1. 基本原则：专业符合、精力允许、自由发言、开放反馈；

2. 考虑同质性和异质性原则

↓

三、函询问卷的发放与回收

1. 匿名、迭代的指导思想；

2. 需报告的指数:积极系数、权威系数、协调系数等；

3. 每轮次反馈的情况

↓

四、应用实证研究

1. 条件允许的情况下，进行一定数量的实证检验；

2. 在一定程度上实现研究结果的转化

图 8　德尔菲法规范性流程

第四节　民族志

谈到民族志就必然联系到田野调查。田野调查也叫实地调查，是在民族学、人类学学科领域中广泛使用的研究方法。该方法要求研究者抛弃原有的文化价值观融入研究对象所在的文化环境中，将研究者本人作为新的文化团体中的一员开展调查工作。在人类学领域中，这一工作被称为田野调查，在工作中及工作结束后完成的文字性材料被称为民族志。

一、民族志与田野调查

已有一百五十多年历史的人类学最早诞生于欧洲，在百年前传入中国大陆。欧洲早期的田野调查源于西方发达国家对一些国家或地区原始残存文化的浓厚兴趣。西方早期的田野调查活动就集兴趣于“远方”“异域”和“他者”①。研究内容也是在远方中寻找个人兴趣所在的原始文化，并在与他者的对话中明晰个人的研究领域。

梳理西方田野调查的脉络，我们会发现该方法的使用在不同的历史时期体现出鲜明的特色。最早的田野调查萌芽于 15 至 16 世纪，当哥伦布发现新大陆和南太平洋岛国，欧洲世界希望通过对“远方”的调查获取西方社会对人类社会“全面”对知识结构。一直到 19 世纪下半叶，田野调查还并未专业化。体现在调查人员身份就可以略知一二。当时的研究者主要是探险家、传教士和旅行家，研究成果也多见于对“异文化”的介绍和描述，资料载体形式也以文字资料为主。由于这一时期的研究者多

① 周大鸣，龚霓. 海外研究：中国人类学发展新趋势[J]. 广西民族大学学报（哲学社会科学版），2018，40(01)：116-123.

未到实地开展调查研究,往往被称为“摇椅上的人类学家”[①]。到了1886年,博厄斯开始到美国西海岸的印弟安部落做现场调查研究,成为田野调查现场践行的首创者。博厄斯不但对个人的研究工作要求严格,还鼓励他的学生走出图书馆,从“学者的摇椅”上站立起来进行现场调查研究[②]。真正开创长期田野调查的学者是马林诺斯基,20世纪初期在新几内亚特罗布里恩群岛开展长达6年的调查研究。在此期间,他与当地村民同吃同住,学习当地语言,了解当地习俗,开展田野调查工作,并于1922年出版人类学的奠基之作《西太平洋的航海者》[③]。

在理清田野调查方法的发展脉络之后,需要进一步明晰民族志的概念。民族志是在开展田野调查并完成调查整体研究后形成的文字性的材料,它的形成一般包括田野工作、理解工作和形成文本三个步骤。从使用领域来看,田野调查及民族志的方法在探索性、描述性以及评价性研究中被广泛采纳[④],研究视域也从萌芽时期的初民社会非主流的异文化发展到了商业管理、心理学以及健康学等领域。

二、样本中田野调查的应用情况

2017—2021年体育学博士论文中采用田野(实地)调查的论文数为44篇(以田野调查、民族志、实地调查为关键词依据),占总体论文比例的12.98%。年度与专业统计数据如表35所列。

---

① 折晓叶.“田野”经验中的日常生活逻辑经验、理论与方法[J].社会,2018,38(01):1-29.

② 折晓叶.“田野”经验中的日常生活逻辑[J].社会科学文摘,2018(04):51-54.

③ 〔英〕马凌诺斯基.西太平洋的航海者[M]. 梁永佳,李绍明译.北京:华夏出版社,2002:11.

④ 田耕.社会学民族志的力量:重返早期社会研究的田野工作[J].社会,2019,39(01):71-97.

表 35　样本中田野(实地)调查法分布

学科专业	2017	2018	2019	2020	2021	总计
民族传统体育学	2	4	1	1	1	9
体育管理学	0	4	0	2	1	7
体育教育训练学	3	2	2	2	0	9
体育人文社会学	3	5	0	3	8	19
总计	8	15	3	8	10	44

三、田野调查使用的规范性

田野(实地)调查在体育学的应用领域中要注意不同学科专业使用该方法时的研究对象与议题、研究设计的时间模型、累计的调查时间、研究的物理地域场域以及进行田野调查的伦理问题。

1. 不同学科的研究议题

田野调查在民族传统体育学专业多用于典型拳种研究以及地域武术文化研究;体育管理学专业多使用田野调查完成体育赛事管理与政策评估的相关议题;体育教育训练学专业多用于球类项目发展研究;体育人文社会学多见体育文化传播、公共体育服务与治理等研究。研究选题议题详细如表 36 列举。

表 36　田野(实地)调查论文举例

专业	研究领域	论文举例
民族传统体育学	典型拳种研究、地域武术文化研究等	《太极散手技理探究》(2018) 《梅花拳传承中的身份认同研究》(2019) 《武术与民俗文化融合研究——基于海阳大秧歌仪式展演的文化人类学考察》(2020) 《评估与诠释:国际武术联合会政策话语研究》(2021)

续表

专业	研究领域	论文举例
体育管理学	赛事管理与政策评估	《大众体育政策执行效果评估研究——以〈上海市全民健身实施计划（2011—2015年）〉为例》（2018） 《乒超联赛观众观赛动机与赛场服务质量研究》（2018） 《政府购买公共体育服务的第三方评估研究——以承接方的选择评估为例》（2018） 《乡村社区参与体育旅游减贫研究》（2021）
体育教育训练学	球类项目发展研究	《我国16岁男子足球运动员重点竞技能力确定及训练质量评价》（2018） 《上海市足球后备人才培养体系协同发展研究》（2020） 《中美青少年校园篮球发展模式的比较研究》（2020）
体育人文社会学	体育文化传播、公共体育服务与治理	《社会力量参与县域群众体育治理研究——以C县为个案》（2018） 《我国群众性体育赛事协同治理研究》（2021） 《汨罗龙舟文化传播研究》（2021）

2. 研究时间模型的选取

在传统的人类学研究视阈下，完备的田野调查至少需要1年的时间进入田野现场，有一些系列研究更会长达数年。但是考虑到实际情况，博士论文的实地调查很难达到这个标准。有学者提出，如果根据个人实际的时间条件进行田野调查，可以称之为兼职性的参与观察。英国研究者杰弗里也同意该方法，提出可以根据研究的实际情况对实地调查的时间加以调整，细分为压缩型、间歇选择型和循环型三种类型①，本研究样本的时间分布如表37所示。但是也有一部分样本并没有在行文中明确田

① 宋蜀华，白振声主编. 民族学理论与方法［M］. 北京：中央民族大学出版社，1998：173.

野调查的具体时间长度(占比 22.73%),仅仅表述为对某些个案进行实地观察,并在关键性活动中实现过程参与,真实记录群体活动中参与人员对真实言行和感受等。

表 37 样本中时间模型选取举例

时间模型	类型释义	占比%	论文举例
压缩型	单次进入田野点,田野点单一	6.82	一项关于华侨华人与新中国体育发展的研究,主要遵循相关与便利的原则,以我国著名的侨乡地为田野点开展实地调查。侨乡地选址集中于晋江、南安,集美、广州一带
间歇选择性	多次进入田野点,田野点可以是单一的也可以是多重的	52.27	一项关于城市社区老人体育服务治理的研究,就是以长沙市为例,在 2020 年 6—8 月,研究者多次进入现场调查。考虑到实际情况,采用老中新结合的抽样方式,选取了 10 个社区
循环型	多次进入田野点,田野点单一	18.18	一项关于宗族文化之于村落体育的表达与实践研究就是采用单一田野点多的多次进入模式。研究者在 2017 年完成两次预调查,并在 2018 年和 2019 年利用寒暑假期间多次进行现场调查。笔者受到村民的欢迎,与村名同吃同住,实现了对研究问题的"熟悉的陌生人"的近距离观察

3. 调查累计时间

人类学的田野调查传统是综合利用深入访谈技术,形成丰富田野笔记,完成对观察对象的深描。有研究者表示,田野调查必须实现研究者与当地人建立思想情感上的社会关系,而这种关系需具备"离我远去"和"互惠原则"原则。"离我远去"原则要求研究者摒弃个人本身的文化预设投身研究对象的田野场域中去。"互惠原则"要求研究材料的取得具有真实、独特的研究价值,之于研究对象来说也具有一定价值性①。传统人类学的田野调查一般要求具有一年及以上的调查时间,在这一完整的

① 吕寻金,刘合智,纪宇.民族传统体育田野调查应用问题审视[J].沈阳体育学院学报,2019,38(06):139-144.

时间周期内学习并基本掌握当地语言，以接近当地人的研究视角完成参与式观察和深入访谈。也只有在保证积累时间的基础上，才能保证在不同的时间点、不同的场合理解研究对象的不同文化特征和特定行为①。但是，从体育学的样来看，一年的累计时间有一定的困难。

样本中有 18 篇（占比 40.91%）对调查的累计时间没有提及，属于存在严重的规范性问题；调查时间小于 6 个月的样本为 19 篇（占比 43.18%），调查时间在 6—12 个月的样本为 5 篇（占比 11.36%），达到 1 年及以上调查时间的样本仅有 2 篇（占比 4.55%）。

4. 物理场域

田野调查从发兴开始，其形式及关注点就一直处在变化和发展中。早期田野调查的视野在异域远方的部落领域而后从传统单点模式发展到多点模式，希冀从多个场域加深对研究问题的探寻。当网络渗透到人类生活的方方面面之后，网络虚拟民族志又应运而生了②。

大部分的研究者运用传统的田野调查法，通过选取某个特定的、能够形成社会关系和互动的“物理空间”作为田野调查点（表 38）。样本中有的研究以一个俱乐部、一个社区或者是一个球队作为田野调查的场域。虽然在样本中存在多种不同的物理场域，但是在人类学当代研究作品中的网络民族志还没有出现，占比最高的依旧为普通意义上的民族志研究。

表 38　田野调查样本场域分布

田野调查场域	释义	占比%	实例
虚拟/网络民族志	将传统民族志研究方法的场域调整到网络空间	0	无实例

① 〔挪威〕巴特等. 人类学的四大传统[M]. 高丙中等译. 北京：商务印书馆，2008：322.

② 赵旭东. 田野八式：人类学的田野研究方法[J]. 民族学刊，2015，6(01)：1-8+94-96.

续表

田野调查场域	释义	占比%	实例
多点民族志	在不同的物理地点或场所围绕同一研究选题开展调查	15.91	一项关于网络媒体电子竞技传播效果的研究就采用多点民族志的设计，研究者利用参与奥运会、中超联赛、CBA联赛等比赛机会，积极参加前方报道活动，搜集一手资料
海外民族志	以中国为参照点在海外进行的民族志研究	2.27	一项关于中国武术国际传播研究中，研究者在2017—2019年在澳大利亚珀斯等四个城市参与各项中国武术传播活动，并在大中小以及社区学校开展中国武术传播教学活动，还走访了不同类型的武术学校与多名武术传播者及练习者展开深入访谈，了解中国武术在澳大利亚的实际传播情况。
普通民族志	通常意义上的民族志	81.82	一项关于上海市新生代农民工城市融合对体育休闲参与的研究就是以上海市徐汇、松江、闵行区的三类农民工聚居地（企业聚集地、居住区、体育锻炼场所）展开实地调研

5. 研究伦理

民族志研究与其他研究方法相比更具有“侵入性”，研究者在进入田野现场后都会在一定程度上干扰当地群体的私人性生活，因此该研究方法面临严峻的伦理困难。一般而言，保证研究对象的知情权，研究对象自愿参与，严格保证研究对象的个人隐私以及避免研究成果对研究对象生活工作可能产生的影响等。尤其当今田野调查的场域也从现实到虚拟，“潜伏的观察”应运而生。该种方法虽然具有更加便捷的优势，但是会陷入不可避免的伦理危机①。研究者如何保证在潜伏观察中保持价值中立，不受本人价值观固有判断的影响；如何在田野结束之后进入民族志书写阶段甄别并对资料进行取舍，避免对研究者的伤害都是研究者应该思考的问题。

① 刘倩. 诚与真：田野情感和学术伦理[J]. 民族文学研究，2019，37(01)：50-55.

四、田野调查的规范性流程

本研究根据前期的整理并查阅相关文献将田野调查的规范性流程分为以下几个步骤：田野调查前期准备、进入田野和总结田野工作（图9）。步骤一，田野调查前期准备。在该阶段明确田野调查的对象、选取调查场域（虚拟、多点、海外或普通）、选择时间模型（循环型、间歇性或压缩型）、对田野调查可能使用到的工具进行准备并完备资金预算。步骤二，进入田野。在该阶段考虑借助各种策略如小问题入手、熟人引荐、礼物互惠等方式"走进田野"，并在成功进入田野后开展正式调查。步骤三，总结田野工作。在该阶段要对完成的田野工作进行反思，形成文字性的田野调查笔记即民族志。在笔记叙述方面还要注意采用多种描述手法，如对田野情境的动态描述和静态描述，并对其所处情境进行文化反思。在撰写民族志的过程中还要注意叙述人称多样化以及学术思想的转化等。

第五节　案例研究

案例研究在社科研究领域中称为独立的研究方法已经有了200年。从1829年法国研究者利普雷开展的雏形个案研究伊始，个案研究方法在社会科学领域中逐渐崭露头角。其中，由马林诺夫斯基在特罗布恩德群岛开展的人类学调查堪称案例研究的经典之作。而后，芝加哥学派在20世纪初期将案例研究的领域再一次扩展到都市移民以及工业化的相关问题，案例研究的研究视域进一步扩大了。从学科分布的角度来看，案例研究并不仅限于人类学的研究领域，在当今的历史学、心理学、健康服务、项目评估等领域受到广泛的关注和推崇。在前辈的不断耕耘和努力下，涌

一、田野调查的前期准备
1. 调查对象的确定；
2. 调查场域的确定（虚拟、多点、海外、普通）；
3. 时间模型的确定（循环型、间歇型、压缩型）；
4. 调查工具准备；
5. 调查资金完备

↓

二、进入田野
1. 文献搜集；
2. 进入田野的技巧（熟人关系、礼物互惠、小问题着手等）；
3. 开展正式调查

↓

三、总结田野工作
1. 对工作进行整体的总结并形成调查笔记；
2. 撰写民族志：对情境进行动态、静态的描述，实现学术思想的转换

图 9　田野调查的规范性流程

现出了一批极具代表性的案例研究作品，如发表于 1929 年的《中镇》以及发表于 1943 年的《街角社会》等①。

一、对案例研究的理解

虽然案例研究从诞生至今时间也超过了 200 年，但是长期以来很多研究者对案例研究的地位存在歧视，究其原因无外乎关于该方法价值以及其适用研究对象的分歧。

案例研究因其本身的深描性质常常与田野民族志相混淆，关于其方法自身的研究多见于方法价值的讨论以及何种情境适用该研究方法。此前很多研究者曾对案例研究的优势做以总结，如强调案例研究具有方法

① 成思危. 认真开展案例研究，促进管理科学及管理教育发展[J]. 管理科学学报，2001(05)：1-6.

论独特,研究问题真实详尽,资料来源丰富等[①]。国外研究者如殷提出案例研究的意义及其基本设计程序,国内研究者成思危认为单纯用数理统计的定量研究方法做决策潜在一定的危险性,可以采用案例研究弥补此类研究的不足。风笑天也提出,与常用的定量研究相比,案例研究能够突出全面和深入的特点为后续的系列研究提供启发及理论建构的方向[②]。吴毅对社会学案例研究进行深入的探讨,认为该方法能够帮助研究者从简单中探寻复杂之理,能够解释部分偶然事件的成因以及利于新知识的探索。[③] 张勤提出在不同的学科中都可以采用案例研究,但是不同学科的案例在深入性、总体性、综合性乃至双重性的占比不同。

关于案例研究对象的讨论一直都围绕着回答"案例研究是什么"以及"为什么采用案例研究"的问题。国外专家肖(Shaw)早在 1927 年就指出案例应强调总体性,即从总体的场景出发对案例的所有要素进行全方位的考量[④]。尼斯贝特(Nisbet)认为案例研究应重视研究对象或事件的特殊性,而案例研究恰恰是凸显这种特殊性的系统方法[⑤]。我国研究者瞿海源、王建云都对案例研究做出了个人的意义建构。他们认为应突出案例研究的时间性,即在限定的时空下沿着时间脉络对案例就情境、因果机制及背后的文化约束等进行梳理[⑥]。王建云更是提出了案例研究不仅仅采用传统的分析方式,还应该借助观察、访谈、查阅档案资料等方式进

---

① 张勤.近代司法研究的个案方法及其运用[J].国家检察官学院学报,2019,27(04):152-160.

② 风笑天.社会学研究方法:走向规范化与本土化所面临的任务[J].华中师范大学学报(人文社会科学版),2005(06):44-48.

③ 吴毅.何以个案 为何叙述——对经典农村研究方法质疑的反思[J].探索与争鸣,2007(04):22-25.

④ 王富伟.个案研究的意义和限度——基于知识的增长[J].社会学研究,2012,27(05):161-183.

⑤ 李润洲.研究生个案写作的方法论反思——一种教育学的视角[J].学位与研究生教育,2019(05):44-50.

⑥ 唐国军.案例研究方法及其在国内教育研究中的应用述评[J].教育学术月刊,2011(12):14-17.

行深入描述和分析①。因此本研究认为体育学学科范围内的案例研究设计可以采用单个案与多个案的结合、案例的数据来源应避免单一化力求多样化、分析技术建议采用多重性工具等。

二、样本中案例研究的应用情况

2017—2021年体育学博士论文中采用去案例研究的论文数为60篇(以个案研究、案例研究、实例等为关键词搜索),占总体论文比例的17.70%。年度与专业统计数据如表39所列。

表39 案例研究分布

学科专业	2017	2018	2019	2020	2021	总计
民族传统体育学	2	2	2	0	0	6
体育管理学	0	2	1	2	3	8
体育教育训练学	5	4	4	4	1	18
体育人文社会学	4	9	5	3	7	28
总计	11	17	12	9	11	60

在体育管理学研究领域中,经常采用案例研究的是体育产业与绩效研究;在民族传统体育学中与体育文化有关的研究多采用案例叙述的方式;体育教育训练学中的优秀运动员技战术及三大球的发展模式研究也多采用案例研究。此外,体育人文社会学领域中的公共体育服务及体育治理等议题也多采用案例研究的方式(表40)。

① 王建云.案例研究方法的研究述评[J].社会科学管理与评论,2013(03):77-82.

表 40　案例研究分专业论文举例

专业	研究领域	论文举例
体育管理学	体育产业、绩效研究	《社会资本对校园足球运行绩效的影响研究》(2019) 《网络化治理视域下公共体育服务协同供给研究》(2020) 《创业者个体社会网络对体育新创企业绩效影响的研究》(2020) 《老年顾客参与运动健康服务的价值共创路径研究》(2021) 《我国学校体育保险模式研究》(2021) 《乡村社区参与体育旅游减贫研究》(2021)
民族传统体育学	武术文化研究	《京师武术文化研究——以北京为个案》(2017) 《武术缄默知识体系与教育实践研究——默会认识论视角》(2017) 《西域武术文化研究》(2018) 《英语世界学者的中国武术人文研究透视》(2019)
体育教育训练学	优秀运动员技战术研究、球类发展模式研究	《我国优秀击剑运动员专项体能训练模式研究》(2017) 《我国退役运动员社会融入问题研究》(2020) 《中美青少年校园篮球发展模式的比较研究》(2020) 《我国职业篮球运动员协会构建研究:域外经验与本土设计》(2021)
体育人文社会学	公共体育服务、体育治理等	《我国政府购买青少年公共体育服务研究》(2018) 《农村公共体育服务协同创新理论构建与应用》(2018) 《转型期我国公共体育服务供给主体多元发展研究》(2019) 《城市社区老年人体育服务治理创新研究》(2021) 《体育旅游危机事件网络舆情诱发、演化与治理研究》(2021) 《我国群众性体育赛事协同治理研究》(2021) 《时空社会学视角下青少年体质健康促进模式研究》(2021)

三、案例研究使用的规范性

体育学学科领域中个案研究应注意方法的适用情境、案例类型属性、案例选取、数据收集与数据分析、结论外推和理论贡献等多个维度的规范性。

1. 方法的适用情境

案例研究在体育学的适用情境与社会学、人类学较为相似，都具有探索性情境、描述性情境以及解释性情境，具体情境释义及样本举例如表41所列：

表41　案例的适用情境

适用情境	释义	样本举例
探索性	熟悉情况，试图发现问题，为后续研究指明基本的方向	一项关于学校体育保险的研究，以政府购买型（青岛）、校际互助型（上海）、社会捐赠型（徐州）为典型案例进行分析，发现其中存在的主要问题，并试图构建“三方联动”校园体育保险模式①
描述性	对单个或多个案例的深描，基本能够回答，谁、在什么时候、在哪个地方、完成什么、基于何种原因以及怎么样的问题	一项关于体育赛事传播危机管理的研究从报刊、电视、广播、微博、网站、公众号、新闻客户端以及政务 app 中收集、整理了社会关注度高、舆情较为复杂的案例，用于探究不同历史时期、不同类型赛事危机传播事件的管理特点及策略②
解释性	依据基本假设，明确说明变量之间的因果关系	一项关于创业者个体社会网络对体育新企业绩效的影响研究就是在新经济社会学理论的指导下，选取了 4 个体育创业企业作为案例研究对象，描述创业故事，对单案例内部以及多个案例之间进行分析。以规模、异质性、密度、关系强度为体育创业者个体社会网络机构，以社会网络资源为中介变量，探寻其与企业绩效之间的相关关系③

① 连小刚. 我国学校体育保险模式研究[D]. 山西大学,2021.

② 刘晓丽. 全媒体时代体育赛事危机传播管理研究[D]. 武汉体育学院,2019.

③ 李佳卉. 数字创业心理资本影响因素及对创业绩效的作用机制研究[D]. 吉林大学,2022.

2. 案例类型属性

案例研究的类型能够进一步说明在案例研究设计中,研究者的价值诉求(表 42)。如在一个经典的单案例设计中,研究者选取一个典型的单案例,对该案例的特征、结构、构成要素以及该案例从时间维度的发展脉络进行梳理。这种单案例设计经常用来探究从未研究过的现象、将理论置于现实环境中进行检验或者用来证明该案例是否具有同类事物的解释力等①。

工具性个案设计与经典单案例设计相比,诉求更加倾向于普遍性而不是特殊性。使用该种研究设计的研究者,希冀在研究成果推出后,能够在更大的范围内获得更加丰富的解释力。可见这种设计方式的价值意趣是更加关注案例研究的超越性,丰富对同类研究事件或对象的解释力②。

多案例设计擅长从多个案例中寻求内在联系,或比较不同的案例之间的区别。与相对单调的单案例相比,选取两到三个的多案例能够突出研究的丰富性而无须像单案例一样向深度妥协忽视丰富性③。

表 42　个案研究的类型属性

类型属性	释义	样本举例
经典单案例设计	观察或分析从未研究过的现象;将理论置于现实情境中进行检验;提高对同类事物的解释力	一项关于京师武术文化的研究以现代京师武文化为研究对象,以史料为依据,田野调查所获资料为补充,深刻完成北京城区武术文化的考察④

① 耿曙.从实证视角理解个案研究:三阶段考察渠文的方法创新[J].社会,2019,39(01):129-152.

② 王富伟.个案研究的意义和限度——基于知识的增长[J].社会学研究,2012,27(05):161-183.

③ 卢晖临,李雪.如何走出个案——从个案研究到扩展个案研究[J].中国社会科学,2007(01):118-130.

④ 朱君.京师武术文化研究——以北京个案为例[D].上海体育学院,2017.

续表

类型属性	释义	样本举例
工具性个案研究	发展或检验一个理论；为了更好地理解一些重要的问题	一项研究主题为体育纠纷及其法律解决机制,选取了美国、英国、加拿大关于体育纠纷的解决实践案例并提出三个体育发达国家关于解决方式的共性特征①
多案例设计	比较研究,获得几个案例的相同、相异点；多个案例更有利于验证一个理论；研究者更可能从多个案例而不是单个案例中总结出结果	一项关于中美青少年校园篮球发展模式的比较研究,以美国犹他大学,中国 CUBA 为典型案例,对目标设置、组织管理、保障体系、教学训练、竞赛体系进行深度对比,提出对我国校园篮球发展的经验启示②

3. 案例选取

在案例研究的使用初期一直受到“代表性”和“典型性”的诘问。因为任何一项研究都在追求“真”和“全”这两个价值诉求。“真”是探寻生活中真实的社会存在;而“全”是希望自身的研究能够说明社会全体的脉络和逻辑。由于研究者对“全”充满期待,那么所有的案例研究就会面临“代表性”的考验。但是,实际客观世界中,就像没有完全相同的两片树叶一样,异质性突出的样本总体,很难完成从有限数量的个体实现“透过树叶望见森林”的愿望。社会学研究领域的一些专家试图回答这一问题,王宁曾指出在案例研究中提到“代表性”的说法,就是暗喻了一种定量的抽样逻辑,对于社科研究而言是不公平的③。在定量研究范式中,应界定一个边界清晰明确的样本集合为研究总体,从中抽取样本,并将研究结果外推到样本总体。但是,在社科研究领域中,研究本身并不对“代表性”的概念进行预设,也就是说案例并不与总体发生任何关系而是与类

① 徐士韦.体育纠纷及其法律解决机制研究[D].上海体育学院,2015.

② 刘海明.中美青少年校园篮球发展模式的比较研究[D].山西大学,2020.

③ 王宁.代表性还是典型性?——个案的属性与个案研究方法的逻辑基础[J].社会学研究,2002(05):123-125.

型一般化发生关系。王宁甚至认为,案例研究的代表性问题本身就是一个虚假问题。

可见,在案例研究方法的方法学讨论中无法回避"典型性"和"代表性"的问题。本研究将这两个属性按照基本特征、是否具有定量统计属性、边界界定、逻辑进路几个方面加以辨析(表 43)。

表 43　案例研究的代表性和典型性辨析

	基本特征	是否具有定量统计属性	边界界定	逻辑进路
代表性	能够代表或再现总体	是	有明确的样本总体界限	统计推理,从样本得到的结论需要外推到总体
典型性	代表某一类别或共性的性质	否	界限不清晰	分析推理逻辑,从个案上升到结论的归纳推理

此外,近年来有专家提出对于案例研究的代表性问题,可以分为三类讨论:代表性无涉论、代表性分类论和代表性超越论①(表 44)。

表 44　案例代表性新分类

类型属性	释义
代表性无涉论	类似定量研究的逻辑,秉承"科学与实证化"的思路,案例的意义仅仅体现量的积累和类型的丰富
代表性分类论	社会现象往往是复杂并异质的,单独一个案例完全没有可能代表总体,只能实现类别化表达。可将总体异质性分为若干类别,从每个类别中寻求一个案例进行分析
代表性超越论	个案的类型学意义推广、基于变量来建立理论衍射推广以及个案情境的超越推广

但是从样本的实际情况来看,博士生对案例研究的"代表性"与"典型性"的理解有很大的偏差。甚至有四分之一的样本没有对案例的代表性与典型性做任何的说明。有一部分论文在方法叙述时选用"代表性"

① 曾东霞,董海军. 个案研究的代表性类型评析[J]. 公共行政评论,2018,11(05):158-170.

的思路，如一项关于大众体育政策的相关研究，就是以《上海市全民健身实施计划(2011—2015年)》为代表案例，就其执行效果进行评估研究①。更多的案例研究样本则采用“典型性”的思路，如一项关于体育旅游危机事件的相关研究，选择了10个不同时期和地域的体育旅游危机舆情事件为案例研究对象，对现状和特征进行总结，挖掘深层次的利率规律，对类似舆情的发生机制、传播路径、演化阶段等进行深入探讨②。

4. 数据收集与数据分析

对于案例研究的数据来源问题，学术界的意见是较为统一的。基本认为为了保证案例研究的客观和公正，建议采用“多重”互证的资料获取方式。这种“多重性”可以至少通过两种途径来保证：可以采用定量与定性双重资料的获取，也可以在一种范式为主的前提下利用多种同范式资料来源。如在一项案例研究中，同时使用问卷和访谈这两种范式获取研究资料或在同一个案例中，采用观察和访谈两种定性研究资料。这种获取资料的方式能够在一定程度上满足资料丰富性的要求，还能实现不同资料的互补、互证，从而验证案例研究的阶段性成果。

从资料的收集与分析的层面来看，样本中案例研究采用定性技术为主，其他获取资料的方式如表45所列：

---

① 程华. 大众体育政策执行效果评估研究——以《上海市全民健身实施计划(2011-2015年)》为例[D]. 上海体育学院，2018.

② 陈玉萍. 体育旅游危机事件网络舆情诱发、演化与治理研究[D]. 上海体育学院，2021.

表 45　案例研究获取资料的方式举例

类型属性	释义	样本举例
定性为主	在一个案例研究中仅仅用一种定性技术获取和分析数据，如仅使用访谈、德尔菲或观察法	一项关于老年顾客参与运动健康服务的价值研究，就是以尚体健康科技公司为单案例，研究者走访了该企业的负责人、社区健康管理师及工作人员、当地民政、医疗、体育等部门负责人。此外，还走访了一些高校、医院专家以及老年顾客，多方位获取访谈支撑资料①
定量为主	在一个案例研究中仅仅使用一种定量研究技术获取和分析数据，如仅使用问卷或实验法。	如样本中一项关于体育运动小镇产业研究的论文，以日照奥林匹克运动小镇、杭州市淳安县石林港湾运动小镇和中山市国际棒球小镇为典型案例，将前期经过德尔菲法获取的产业融合发展影响因素评价体系置于三个案例中进行数据验证②。
定性与定量互补	在一个案例研究中使用定量与定性两种数据，实现两种不同范式数据的相互补充、解释和校验	一项关于我国优秀击剑运动员专项训练的研究采用定量和定性资料结合的混合研究。在案例中不但要采用定性专家访谈获取专项训练的意见和建议，而且设计定量测试完成对不同训练模式对运动成绩的提高作用的验证③

5. 结论外推

大部分专家认为案例研究的价值绝不仅仅止于研究结果，案例本身孤立的研究信息点是不够丰满的，应该专注于单个或多个案例背后更广阔的领域。因此关于案例研究的结论外推问题也成为专家纷纷讨论的内容。在社科领域，关于案例研究的外推常常可以表示为“类推”“超越性”“走出个案”“个案的一般化”“个案的扩大化”等。关于结论的外推，国外学者与国内学者的观点也略有差异④。斯坦伯格的观点更加注重对案

① 李刚. 老年顾客参与运动健康服务的价值共创路径研究[D]. 上海体育学院，2021.

② 鲁志琴. 我国运动休闲特色小镇产业融合发展研究[D]. 武汉体育学院，2021.

③ 周龙峰. 我国优秀击剑运动员专项体能训练模式研究[D]. 首都体育学院，2017.

④ 渠敬东. 迈向社会全体的个案研究[J]. 社会，2019，39(01)：1-36.

例超越性的价值表征，具体来看他认为在个案的结论外推过程中能实现三个层次的价值表达：案例研究的结论放到其他经验环境中是否依然成立、案例研究的结果放在其他情境中是否还具备一定的解释力和预测力、案例研究的结果能否为其他读者提供精神上的理解和共鸣。斯坦伯格的观点注重将本研究的成果与案例之外的研究者及其他问题情境建立起沟通和联系的桥梁，以实现结果实践价值的超越。我国研究者耿曙更加关注案例研究如何设计，他认为一个研究群体会存在异质性高的情况，那么如果希望在研究设计阶段考虑这种异质性，建议将总体进行同质性的分类，使得小类别的同质群体能够实现“组内差异尽量小”和“组外差异尽量大”①。而后在各个类别间选取少量案例进行深入研究，实现对研究假设的证实、证伪和修正。

从实际的样本情况来看，体育学案例研究的价值诉求更多的是对案例的深入描述、分析，价值意趣在于深描和机制的探寻，而对外推不做过多的期待。如关于运动训练领域对优秀运动员进行的技术分析，民族传统体育学对典型拳种的考察以及在体育管理领域对某些体育商业组织运行机制的探寻等。

6. 理论贡献

样本中案例研究理论贡献的观点可以归纳为三种：肯定观点、否定观点以及仅能构建中层理论（表46）。

---

① 耿曙，陈玮. 比较政治的案例研究：反思几项方法论上的迷思［J］. 社会科学，2013(05)：20-29.

表 46 案例研究理论贡献的观点及举例

理论贡献观点	释义	样本举例
肯定	通过“解剖麻雀式”的案例分析，逐步实现“以微明宏，以个别例证一般”的理论贡献	一项关于国家治理视阈下的体育产业政策研究，比较了英国、美国、澳大利亚和新加坡四国体育产业治理模式，对其国家治理体系建构的国际经验进行归纳和总结，以此为框架提出解决我国体育产业治理问题的参考意见①
否定	案例仅仅是有界限的整体，极具特殊性，很难能够找到两个完全细节相同的案例实现外推。案例研究的价值仅仅在于对案例的深入分析和理解，彰显案例的特殊性张力	一项关于北洋政府时期不同教育宗旨下的学校体育研究，将代表性的区域、学校及内容为研究案例，通过实践的开展验证教育宗旨的效力也能探寻学校体育这一研究主题的自身发展变化过程②
仅能构建中层理论	客观地评价前面两种见解，单独个案的写作确实存在自身的局限性，但是可以作为后期拓展建构中层理论的主要依据	一项关于体育社会组织发展的研究，对多个不同类型的体育组织进行扎根理论的研究，实现对不同体育组织的发展机制的探究，实现了在本学科中的理论建构③

四、案例研究的规范性流程

通过对近五年博士论文中案例研究的分析，我们发现体育学对案例研究成果的扩大化即外推的诉求不明显，在案例研究的透明度以及理论建构方面还存在较大的提升空间。本研究根据前期的整理并查阅相关文献将案例研究的规范性流程分为以下几个步骤(图 10)：步骤一，案例研

① 陈晓峰. 国家治理视阈下的体育产业政策研究[D]. 北京体育大学，2016.
② 王荷英. 北洋政府时期不同教育宗旨下的学校体育研究[D]. 苏州大学，2017.
③ 贺鑫森. 社会结构变迁下体育社会组织发展研究[D]. 苏州大学，2016.

究的准备阶段。在该阶段要阐述案例研究的适用情境，何时何地使用案例，为什么在本研究中要使用案例等。步骤二，对案例研究进行严密的设计。在该阶段完成对案例对象的确定，此外还应体现出理论对话的表达，

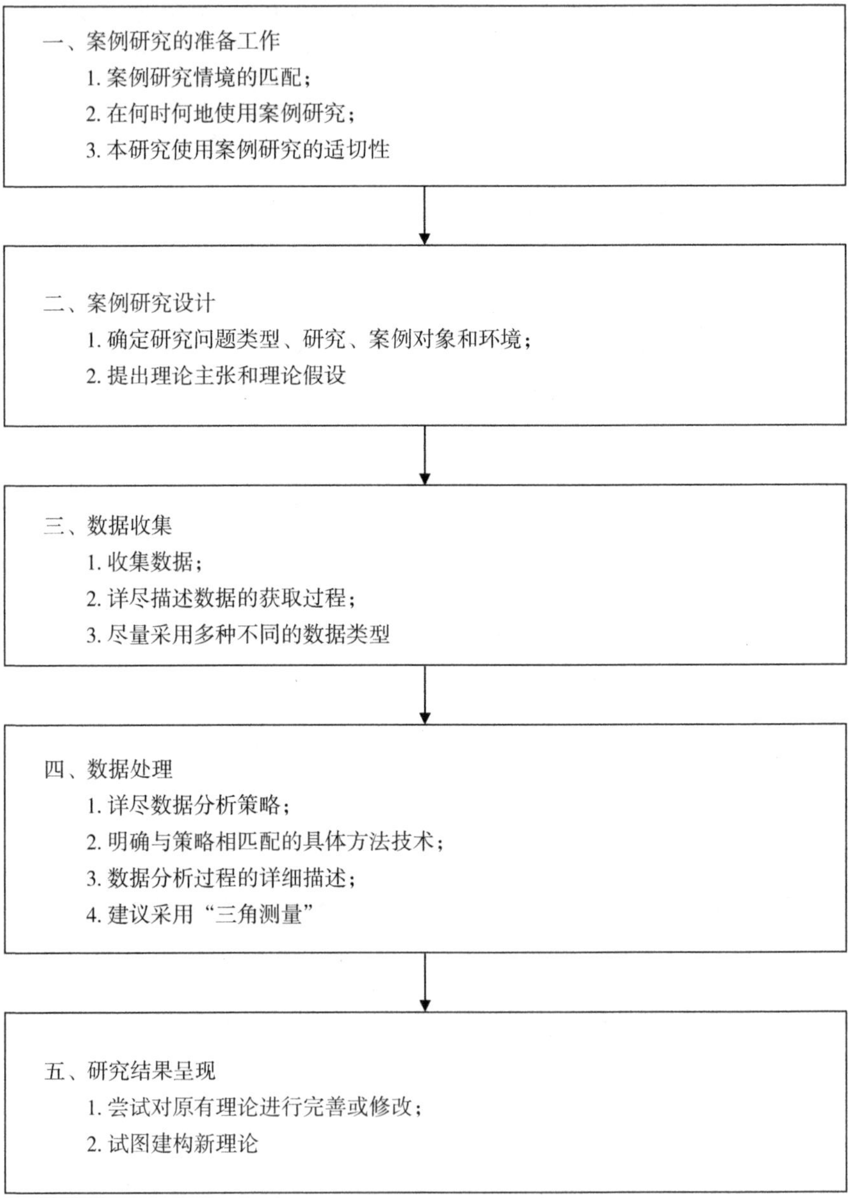

图 10　案例研究规范性流程

叙述研究者的理论主张并提出理论假设。步骤三,完成数据的收集工作。在该阶段要对数据收集的过程进行详细描述,并尽量使用多种数据收集方式。步骤四,完成数据的基本处理。在该阶段详尽解析所获数据策略,不同策略获取数据采用不同的数据处理方法,对如何分析数据进行详细地说明,支持采用定量与定性相互验证的“三角测量”完成对数据的处理。最后,将案例研究的研究结果呈现出来,在该阶段通过先前的理论假设,试图对原有理论进行完善或修改,或创新性地构建新的理论。

第六节 叙事探究

一、对叙事探究的理解

叙事探究是以人类社会生活中的各种经验为研究对象,通过对受访者对个人经验的叙述性表达探究其内在逻辑与规律的定性研究方法。在该方法中,“叙事”至少包含两层含义,其一是指研究者对讲述者叙述经验的文字表达,其二是指研究者对讲述者经验的理解。“探究”是研究者为了了解人类社会现象的内在逻辑和规律运用经验的方式对受访者生活经历的深层询问[①]。叙事探究在20世纪80年代传入中国,后来经过加拿大两位学者康纳利和克兰迪宁的最先运用,逐渐被国内学者所熟知,在心理学、教育学、政治学等领域等到了广泛的应用。

叙事探究的哲学基础可以追溯到古希腊实用主义哲学,该哲学充分意识到“经验”的重要性,认为哲学研究应立足于现实生活,以理念与行动作为研究的出发点,视行动为生活的主要手段,将创新作为人生态度和

---

① 〔美〕马丁. 当代叙事学[M]. 伍晓明译. 北京:北京大学出版社,2005.

准则，将成效作为生活的最高目标①。这一思想经由詹姆斯和杜威的继承与发展，对叙事探究方法的影响深远。在教育学领域中，杜威“生活即教育”的教育目的论认为教育应切实关注学习者的生活经验，有且仅当在经验中才能真正理解教育的本质，而故事又是经验传递和意义诠释的主要路径。因此，通过“讲故事”的方式探寻人类生活经验及诠释背后的意义成为叙事探究的主要工作路径。康纳利与克兰迪宁曾对叙事探究的共识性特征进行归纳，指出该方法应具备时间性、社会性和地域空间性的特征（表47）。

表47　叙事探究的特征

叙事探究的特征	释义	举例
时间性	研究过程中应时刻注意整个事件中各类人物以及他们之间的时间关系	例如之前的某件事对现在造成了何种影响，乃至会在将来有什么发展变化趋势等
社会性	在关注个体维度的同时应关注个体与社会环境要素之间的交互关系以及在被访者和研究者之间的张力	例如被访者有怎么样的看法、意见、见解必然与之所对应的社会环境仅仅相扣，一定的社会环境会塑造个人的态度及价值观起到形塑的关系，同时个人的价值观还会反形塑社会的整体风貌
地域空间性	要把握研究事件发生的具体物理地点，该地点能够保证研究者能够更好地理解被访者所经历的故事意义，也就是说一个场景的改变可能会对整个事件的结果产生扭转作用	例如一个被访者在经历求学、工作等地点等变化，一些个人的观点与看法都会发生明显的改变

叙事研究非常关注经验的具体体验以及生活的积极参与，因此叙事探究方法是一种将被研究者、参与者和研究者共同构建研究的过程，围绕的要素包括三个方面：现场、研究经验文本和研究文本（表48）。

① 丁钢．声音与经验：教育叙事探究［M］．北京：教育科学出版社，2008.

表 48　叙事研究的要素

叙事研究的要素	释义
现场	不但是研究者体验的场所也是研究者所在的场所。现场具有特定的时间、地点以及人员互动的结构特征。在现场中,研究者力求与参与者建立良好的亲近关系,并且深入地理解、记录、体会并思考现场情况,保证能够观察所遇到的经验
研究经验文本	研究经验文本也叫研究活动的原始资料或现场资料,其形式可以是口述故事、研究日志、个人自传、家族故事、年鉴、现场谈话记录以及有故事意义的家谱、纪念品等
研究文本	研究问题凸显整体性的特征,实现对被研究者的详细、丰富的生活连续性的记录。在研究文本中不但要详细呈现时间、地点、人物、事件的起因经过和结果,还要将事件置身于社会文化背景中去

二、样本中叙事探究的应用

样本中有两篇论文采用叙事探究的方法,分别为 2018 年的民族传统体育学论文《王芗斋武术人生与拳术思想之研究》以及 2018 年的体育人文社会学论文《东北 A 市业余体校叙事(1956—2017)》。

三、叙事探究使用的规范性

关于叙事探究方法的使用可以从前期调查、访谈对象选取、场地选取、主要技术手段以及研究问题设计几个方面做以理解(表 49)。

表 49　样本中叙事探究的使用规范性

规范性维度	《王芗斋武术人生与拳术思想之研究》	《东北 A 市业余体校叙事（1956—2017）》
前期调查	主要是文献资料的搜寻，包括官方记载的史料，还包括学术专著、地方史志、民间轶事、档案资料记载以及回忆录等。归为三大类别：本人论著、他人与本人的访谈研究论著以及后人的田野调查资料	前期调查历时两个月，完成了研究主题的文献资料的收集整理、走访一些体育相关人士及业余体校的相关人员
访谈对象选取	寄希望于通过“王芗斋”这一个案，作为晚清民国初年武人整体事件的微观反映，最终寻求拳术与思想的理论归依	最大目的抽样，共 7 人
场地选取	受访者家或工作单位办公室	受访者的家、办公室、指定饭店以及训练场地等
主要技术手段	文献研究、生命史研究和访谈	访谈和观察
研究问题设计	与其亲属后人及弟子进行访谈调研，问题提前预设	提前预订访谈提纲并将一些关键问题在研究者的引导下提出，时间性体现出从当前的事实和问题入手，往事回溯，并对未来进行展望

两个样本关于前期调查、对象选取、场地选取以及使用的主要技术手段都较为规范。尤其在主要技术手段中可以看出都是综合使用多种技术手段，如观察、访谈、生命史研究等。这种开放性的搜集资料的方式能够起到对研究主题有关的研究内容进行确认和矫正，大大提高资料的可信度。但是，同时也存在一个共性的问题，即两个样本都采用预设问题的访谈方式，这种一定程度的封闭性访谈会限制受访者的叙述思路，对于预设问题的理解和表述会存在一定的陌生感。

四、叙事研究的规范性流程

本研究根据前期的整理并查阅相关文献将叙事研究的规范性流程分为以下几个步骤(图 11):第一步,叙事研究的准备性工作。在该阶段与研究主题相关的文献资料的收集和整理,注意在这一阶段不要限制材料

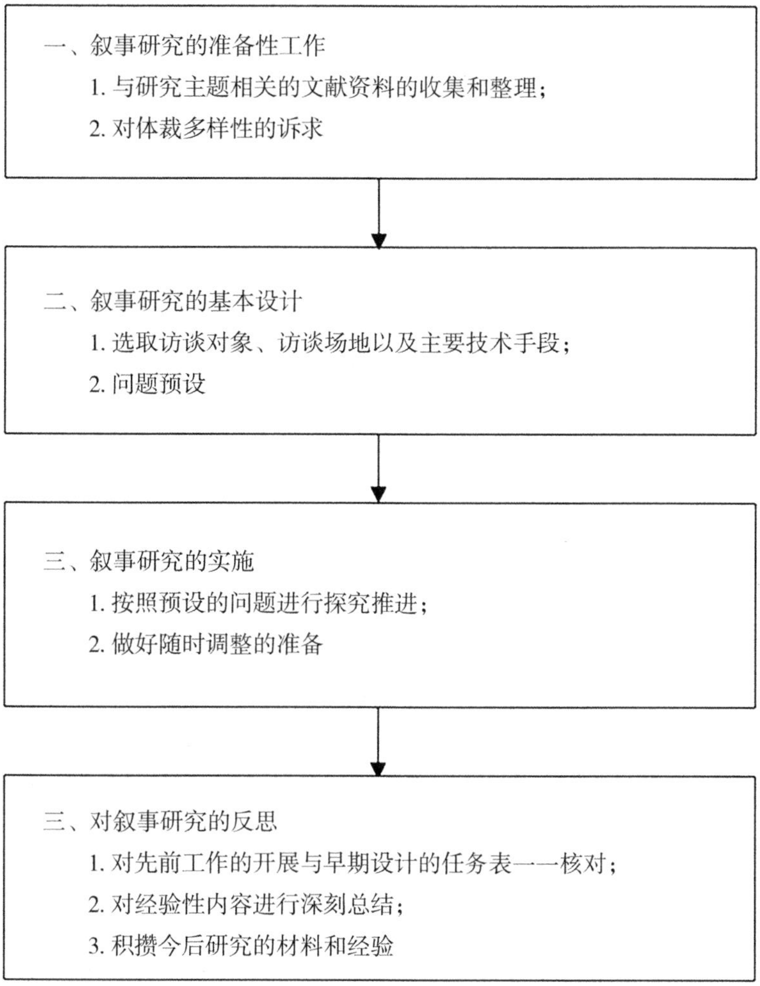

图 11　叙事研究的规范性流程

的体裁,不管是正式的文件记录(地方史志、档案资料)还是非正式文字记录(民间轶事)都应纳入。第二步,叙事研究的基本设计。在该阶段要完成访谈对象、访谈场地、主要技术手段的选取以及问题预设等。一般来讲,叙事研究访谈对象的探寻采用非概率抽样,鼓励借鉴滚雪球的方式“顺藤摸瓜”找寻出更多的受访者。此外,也要充分考虑受访者的“方便”原则,地点围绕受访者进行选取,可以是受访者的办公地点、家或安全性私密性兼具的公共场所等。获取资料的技术手段可以是观察、访谈、生命史研究和文献总结等。在对基本资料的分析基础上,完成预设问题提纲的拟定,并且可以在正式访谈前就预设问题与受访者进行沟通。第三步,叙事研究的实施。在该阶段要注意按照预设的问题进行探究推进,同时也要做好随时调整的准备。第四步,对叙事研究的反思。在该阶段,对先前工作的开展与早期设计的任务表一一核对,对完成情况做到心中有数,对经验性内容进行深刻总结,并为以后的研究积攒材料和经验。

第七节　扎根理论

实际上,扎根理论并不是什么“理论”仅是一种定性研究方法用于理论建构。该方法肇始于护理学研究,从 1967 年诞生之日起已经发展了五十余年。在发展的过程中不但学科的接受程度越来越高,不管是管理学、教育学、社会学都有大量的基于扎根理论的研究成果,而且在方法学上也逐渐成熟,具备严谨的理论要素、方法使用流程以及评价评判标准。

一、对扎根理论的理解

当今主流的扎根理论流派有三支:经典的扎根理论学派(1978 年)、程序学派(1987 年)和建构主义扎根理论学派(2000 年)。早在 1967 年,在《扎根理论的发现》一书格拉瑟(Glaser)和施特劳斯(Strauss)共同提出了扎根理论的雏形,之后二人又合作相继出版了扎根理论的三部著作《临终意识》《扎根理论的发现》和《弥留之际》。但是,后来二人的观点逐渐分离,也催生了扎根理论的不同流派①。

经典的扎根理论学派是在1978年由格拉瑟最早提出,该流派的方法论原则是不预先坚定,将研究问题自然呈现,按照特点的方法程序通过不断地比较完成理论建构。该方法的基本编码过程包括“开放性编码、选择性编码和理论性编码”,收集资料的方式也很丰富,既接纳定量研究数据也接纳定性研究数据②。当然,该编码方式秉承“理论从数据中自然涌现”的原则,需要对所有访谈资料进行编码,因此工作量是巨大的,效率有些许的低下。

程序学派是在1987年由施特劳斯主要提出,该程序的方法论原则是建议借助于预先设置探寻隐藏于数据中的规律,该方法的主要程序包括“开放性编码、主轴编码选择性编码”。该程序具有“程序化”的典型特征,也提出了一些新的专有概念,如“主轴编码”“条件矩阵”以及“维度化”等③。虽然体现在程序上更加明晰,对初学者来说具有便捷的意义,但是因为过于程序化,该流程也体现出了一些刻板化的迹象。

建构主义扎根理论学派初创于2000年,由卡麦兹(Charmaz)提出并逐渐完善,到了2006年已经逐渐发展成为成熟模式。该流派的编码过程为“初始编码、聚焦编码、轴心编码和理论编码”,并且其核心观点更加包容,将前20年扎根理论不同流派的观点兼容并包④。其优点显而易见,

---

① 吴继霞,何雯静.扎根理论的方法论意涵、建构与融合[J].苏州大学学报(教育科学版),2019,7(01):35-49.

② 〔美〕科宾,〔美〕施特劳斯.质性研究的基础:形成扎根理论的程序与方法[M].朱光明译.重庆:重庆大学出版社,2015:153,319-321,Ⅻ.

③ 盛东方.我国图书情报研究中的扎根理论应用[J].图书馆论坛,2020,40(08):78-86.

④ 孙玉伟,成颖,张建军.扎根理论方法论在国内图情领域的应用及其反思[J].图书馆学研究,2019(19):2-11.

不管研究者是否经验丰富都能按照流程完成理论建构的工作,但是因为预先将建构主义思想纳入研究体系,就很难做到在实践中"一切皆为数据"的预设。

二、样本中扎根理论的应用

样本中共有10篇采用扎根理论的方法,采用该方法的专业包括运动人体科学、体育教育训练学、体育管理学和体育心理学,样本具体分布如表50所示。

表50 样本中扎根理论的分布

序号	题目	年份	学科专业
样本1	运动员心智游移特点及其对任务表现的影响	2017	运动人体科学
样本2	运动健康管理商业模式构建研究	2018	体育教育训练学
样本3	大众参与乒乓球运动行为的影响因素及实证研究	2019	体育教育训练学
样本4	高校体育专业技术课青年教师专业素质研究——以东北三省为例	2020	体育教育训练学
样本5	我国退役运动员社会融入问题研究	2020	体育教育训练学
样本6	公共体育服务质量影响因素与改进策略研究	2020	体育管理学
样本7	消费需求、口碑传播对冰雪体育产业发展的影响研究——基于归因理论视角	2020	体育管理学
样本8	基于风险认知与沟通的学校体育活动参与者雾霾应对行为研究	2020	体育心理学
样本9	球场观众自律研究——以CBA太原赛区为例	2020	体育心理学
样本10	老年顾客参与运动健康服务的价值共创路径研究	2021	体育管理学

三、扎根理论使用的规范性

从扎根理论的规范性使用来看主要涉及样本的获取方式、编码程序、资料获取途径、是否使用编码软件、研究信度和效度的保证以及学术伦理等问题。

1. 样本的获取方式

有专家曾指出，扎根理论的严谨使用大部分取决于情境因素，如样本获取的数量与质量、研究地点的选取以及研究周期的保证等。因此，一篇良好的扎根理论成果，样本的获取是至关重要的。扎根理论采用非概率理论抽样，只要样本的异质度满足研究的理论饱和即可。在社科领域里，理论抽样被理解为在已经证实或者已经形成的理论，以具有相关性的概念为基础所做的抽样。这种抽样思想并不是以人口代表性为目的，是以建构理论为目的的。关于理论抽样需要注意的是，一般在初期着重使用连续比较法以此来引申出后续的抽样标准，抽样的基本单位并不是人或者具体的事而是有助于理论饱和的概念。那么什么是理论饱和呢？对于初学者来说，把握理论饱和的难度很大。一般认为，当在观察到类属相同的资料大量重复出现的时候就考虑是否出现了理论饱和。理论饱和出现的时机也受到资料获取的难易条件、研究者的敏感性以及理论整合的密度等因素的影响。

关于扎根理论样本获取的抽样方法，有国外学者提出在不同的研究阶段采用不同的抽样策略，如在研究初期多采用“目的性抽样”，该抽样方式尽量选用最大化信息的对象，从而快速构成相关概念和范畴。在研究的中期阶段，可以通过“差异性抽样”和“关系性抽样”，实现在面向层次上的扩大化的差异性。也建议在研究的中期阶段采用“区别性抽样”，该方法可以明晰范畴之间的关系或者充实主要线索之间的故事连接。

从样本实际的采样情况来看，参与研究的被访者从 3 人到 30 人不等。其中《消费需求、口碑传播对冰雪体育产业发展的影响研究——基于归因理论视角》一文以 3 名专家为访谈对象，《老年顾客参与运动健康服务的价值共创路径研究》一文以 30 名 60 岁以上有着 3 个月以上运动健康服务经历的老人为访谈对象。其余样本基本都是以非概率取样的方式，选取十几位研究对象开展理论建构工作。

2. 编码程序

扎根理论方法诞生之前,社科研究大多采用“演绎—验证”的逻辑进程,从先前的既有知识体系中演绎出理论的假设,并根据观察、实验、调查等不同技术手段获取资料证实或者证伪假设。但是扎根理论却恰恰相反,是以“逐级归纳”的方式从资料中升华出理论。该逐级归纳的过程是以基础性的观察为基础,通过大量资料的收集,进行资料的分类,对资料进行不断地比较归纳出不同的概念,并构建出概念与概念之间的关系。在实际操作层面上看,刚开始构造出的概念极有可能是非常模糊的,但是在整理资料的过程中这种模糊性会逐渐被清晰性所取代。最终实现对经验性组织资料的概括,形成更为抽象的关系和理论。

扎根理论具有其明确的获取资料建构理论的程序,目前有常见的三种编码方式。在对样本编码方式判定的标注主要包括三个方面:其一,博士生的自我陈述;其二,实际处理过程中的编码规则;其三,博士论文参考文献的作品引用。实际来看,5 篇样本采用程序性编码方式,5 篇采用经典扎根理论学派到的编码方式。从具体的操作过程来看,10 篇样本均能按照既定的规范化标准完成编码的具体操作,对概念、范畴、主范畴等概念都有明确的交代和图表示例。

3. 资料获取途径

可以用于扎根理论的资料类型多种多样,可以是文献资料、影音资料、档案、图画、日记、回忆录、新闻报纸乃至人物传记等,而用得最多的还是访谈法所获的访谈记录资料。访谈记录资料具有主观性强、相对零散、数量宏大等特点,而扎根理论方法的优势就是能够在大量、纷繁的资料中构建出概念及背后的理论机制。并且,扎根理论还具有一套明确的、严格的、规范性的准则和步骤,为定性研究的重复性提供了可能。

从样本实际应用来看,使用最多的获取资料的方式仍为访谈,其中包括普通访谈、专家访谈以及多人的焦点小组等。此外在《运动健康管理商业模式构建研究》还在访谈的基础上配合了多次不少于 8 人次的小型会议和董事长讲座等,《球场观众自律研究——以 CBA 太原赛区为例》也加入了 11 名研究对象的焦点小组。

从目前扎根理论发展的趋势来看,越来越多的学科专家注意到了网络信息数据。这种基于网络的匿名性的数据具有涉猎范围更广,自由度更高的优势。由于扎根理论的受访者一般不会超过三十人,其样本较少一直被诟病,但是如果引入了网络机制则有利于这种原生性问题的解决。目前已经有教育学、管理学的诸多学者利用网络进行扎根理论的研究,该种方法也已经得到了学界的普遍认可。与此同时,由于网络开放性的特点,也会带出数据真实性的问题,有的专家认为网络具有公开性的特征能够实现网络评论的自我检查机制,从而在一定程度上能解决该问题。但是从样本数据来看,体育学扎根理论的研究还缺少网络信息的充实,本研究认为网络扎根理论将会成为以后研究的有益补充。

4. 是否使用编码软件

NVivo 系列软件是研究者运用扎根理论时最常使用的编码软件,样本中 90%都使用了该软件的不同版本。软件是一项理论建构工作的工具基础,在研究过程中主体仍然是富有理论敏感性的研究者。因为在一项研究工作开展过程中,研究者是异常活跃的角色,应该具备好奇心、独立思考分析以及创造性等综合能力。富有想象力好奇心以及理论敏感的研究者能够在各类资料中判定何种资料是有意义的,如何搜集这些有意义的资料,并挖掘出这些资料背后的意义从而实现对研究问题的更加深入的理解。

5. 研究的信度和效度保证

扎根理论方法具有原创性的特点,通过"相互嵌入、循环往复"的路径实现迭代的研究策略。在迭代的过程中,研究者通过对所搜集到资料的不断思考、分析和比较形成相应的概念,并探寻概念与概念之间的关系。因此在扎根理论的研究中,信度和效度的规范性问题更加突出了。有专家学者提出可以通过以下路径保证扎根理论的信效度(表51):

表51　扎根理论信效度的保证

信效度提升途径	释义
延长观察时间	在以观察为主要获取资料方式的研究里,尽量延长对研究对象的观察时间。也可以采取一些观察策略,增加单次观察时间、拉宽观察之间的时间间歇等
三角测量	除了获得常见的访谈资料外,可以加入一些定量范式的研究技术,如发放一定数量的问卷,实现定量与定性资料的混合,从而证实、证伪假设,提高理论构建的准确率和效率
冲突个案分析	扎根理论的建构过程中会形成多个概念以及概念之间的相应关系,可以深挖与暂时获取的概念之间存在冲突的案例,并进行深入分析和比较。如果能够突破现有的概念及其之间的关系,那么就说明该个案能够提升研究的信度
回访受访者	当一项扎根理论研究结束之后,可以将研究结果呈现给参与研究的受访者。这一反馈的机制,能够获得被访者对研究结果的确认,一旦发现不符合受访者意向的问题可以及时修正,从而保证了研究的信度和效度

从样本实际信效度的实际操作来看,《运动员心智游移特点及其对任务表现的影响》和《基于风险认知与沟通的学校体育活动参与者雾霾应对行为研究》两篇样本按照编码者一致的要求进行信度检验,一致率为89.3%和70%。《运动健康管理商业模式构建研究》和《高校体育专业技术课青年教师专业素质研究——以东北三省为例》也使用了编码者一致的检验方式但并未报告一致率的具体数据。此外,《老年顾客参与运动健康服务的价值共创路径研究》还按照三角测量的原理,大量补充现场观察的资料以及现存文档资料,与访谈资料相结合并形成有效的补充验证。

6. 学术伦理

因效率和信息量的要求,扎根理论从本质上的诉求就是在有限的时间内获取更多的资料信息,因此会带有一定的功利目的。在学术伦理方面,研究者应遵循“知情同意”“平等尊重”和“无伤害与受益”的原则。但是从样本中来看,仅有5篇样本采用了匿名处理,这在学术伦理的规范性方面还有待提高。此外,一些关于运动健康管理商业模式的研究不但进行了匿名处理,还与受访者签署了保密责任书,在一定程度上提高了学术伦理的规范性。

四、扎根理论的规范性流程

本研究根据前期的整理并查阅相关文献将扎根理论的规范性流程分为以下几个步骤(图12):步骤一,前期调查。在该阶段完成对研究主题相关的文献资料的收集和整理,总结与该议题相关的理论内容,并构建研究的基本维度。步骤二,发现问题与确定问题。在该阶段研究者带着笼统的研究兴趣和意向进入研究情境,在与研究对象的互动中逐渐将研究问题明晰化。步骤三,抽样与资料的获取和分析。在该阶段实现取样与资料获取和分析的同步进行,早期搜集的基本资料作为抽样以及下一步资料获取的依据。值得注意的是,扎根理论的抽样与定量研究的抽样思路截然不同,一般采用非概率抽样的方式。在研究初期为了获得概念,多采用目的性抽样;在研究的开放性编码结束后常采用理论性抽样,目的是完成概念之间关系的构建。从资料的来源角度来看,扎根理论的丰富性体现得异常明显,除了最常使用访谈资料外,还包括纸质资料和媒体资料。这三类资料研究者可以单独使用也可以根据研究主题进行组合使用。此外,为了保证资料获取的严谨性,“三角测量”操作是非常推荐的。资料分析工作在“开放式登录—关联式登录—核心登录”三级编码操作的过程中,实现从数量巨大的田野访谈数据中抽取出概念,并明晰概念之间的关系,经过反复地迭代完成理论的建构。步骤四,撰写备忘录与结果的呈现,在该阶段研究者要养成在扎根理论研究中撰写备忘录的习惯,该习惯能够帮助研究者理清概念与类属的关系并时刻保持自我审视与清醒。从研究结果的呈现角度,有专家曾总结扎根理论的成果从低到高包括三个层次。最低层次是“描述”,仅仅完成对基础数据的叙述性描述,概念并没有从经验性观察中被抽象出来,类属尚未出现。中等层次是“模型”,处在该层次的扎根理论成果能够对有关变量进行定义,并能明确变量之间的关系,但是对这种关系确认以及升华理论的边界没有明确地界定。较高层次的研究结果就是已经形成了“理论”,该层次是在“模型”的基础上给予变量之间关系的证明并对扎根理论的边界进行清晰地表述。

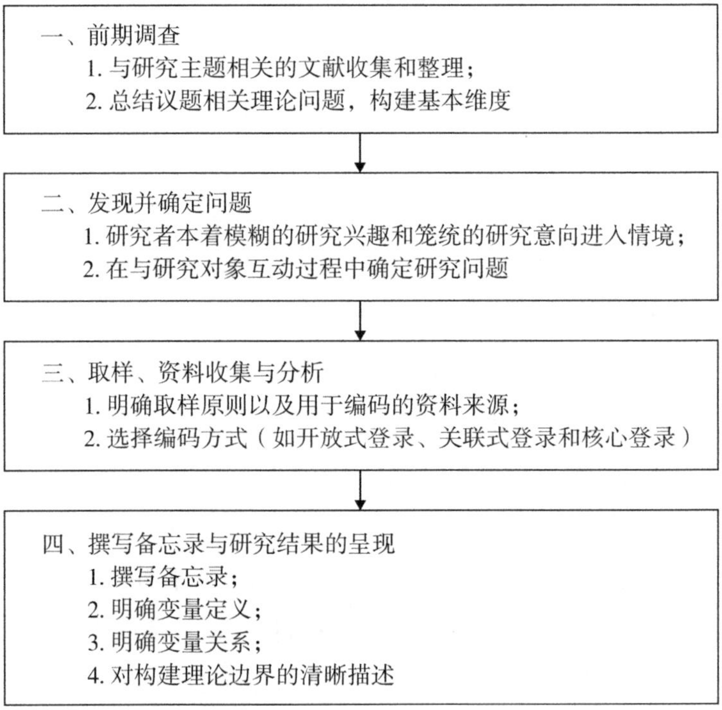

图 12　扎根理论规范性流程

第八节 话语分析

1952 年美国结构主义语言学家哈里斯发表了题为《话语分析》(*Discourse Analysis*)的论文标志话语分析作为语言学分支的诞生。与此同时，话语分析这一专有学术概念被首次提出。但是，对于话语研究概念的理解一直模糊不清，学者通常利用语言单位大小来描述，即“所谓话语是大于句子的语言单位，是一种社会实践，形式可以是书面语言也可以是口头语言”。直到 20 世纪 70 年代，学者们才开始对该方法的哲学基础进行深入探讨。从诠释主义的观点看来，解释是无止境的，能够为话语研究提供哲学方法论的基础。解释主义从开放的视角来看待话语研究，解释就是基于解释者的时空、历史、文化、经验和知识的视角下对篇章或话语赋予意义的过程[①]。

一、对话语研究的理解

诠释主义的语言观将语言理解为指向行动和功能的媒介，人们利用语言来建构对世界的描述和看法。因此，话语分析研究者的任务就是探究话语与现实之间的关系，对其背后隐藏的意义进行阐释，将过去与现在联系起来，加强对语境的理解[②]。巴克斯特(Baxter)对话语分析方法的研究做出了突出贡献，他将话语研究明晰为四种主要技术：会话分析、话语分析、批评话语分析以及女权主义后结构主义的话语分析。但是由于女

---

① 范宏雅. 话语的社会建构：常人方法论谈话分析的理论和方法研究[D]. 南开大学，2012.

② 范宏雅. 话语的确切含义与话语分析的研究路径[J]. 剑南文学(经典教苑)，2011(10)：349.

权主义后结构主义的话语分析的使用范围较为狭窄，因此主要前三种话语分析技术的特点和适用情境（表 52）。

表 52 主要话语分析技术辨析

分析技术	关注点	主要观点
会话分析	日常会话是怎样建构社会现实的	日常的交往活动如会议、谈判、宴会、约会等都是通过语言进行的；谈话顺序是极为重要的，能够体现出社会组织结构；以语料为研究中心，研究过程保持中性客观
话语分析	关注话语对情境的依赖性和话语的可变性	研究文本非常丰富，可以包括正式的学术论文、名人对话访谈、新闻报道乃至政治辩论等；由于情境、听众、目标的不同，同一内容可以采用可变的表述形式；访谈中的语料描述体现出建构性的特征；使用一套循环使用的术语系统
批评话语分析	关注在个人的话语中，如何体现语言的意识形态作用	语言是一种社会实践；能够在一定程度上体现出社会权利与语言的关系；关注社会问题，聚焦弱势群体；重视自我反思的效力

二、样本中话语分析的应用

样本中仅有 2020 年体育教育训练学的一篇名为《太极拳跨文化传播研究》的论文采用了多元话语分析法。该样本采用聚焦访谈、叙事访谈和问题中心访谈技术，与 19 名研究领域为太极拳跨文化传播专家进行面对面或微信语音访谈。而后以工作人员身份参与全国大学生武术锦标赛，与 26 名专业教练和 42 名参赛外籍运动员进行开放式访谈。访谈的主题围绕太极拳的跨文化传播，借助语言、语境和语义之间的关系，综合探究太极拳跨文化传播的历史、现状以及现有问题。并对背后的观念结构、意识形态、思维框架等进行语义探究①。

① 周惠新. 太极拳跨文化传播研究[D]. 湖南师范大学，2020.

三、话语分析使用的规范性

邦达鲁克(Bondarouk)和鲁埃尔(Ruel)曾在2004年归纳出话语研究的八个主要程序,本研究依据体育学的研究实际,借鉴毛浩然(2018)提出的话语分析的程序①,对该方法的规范性使用做出整理。

1. 理论确认

根据研究主题并结合实际选择一种话语研究的主要技术手段。如根据内容选择是会话分析、话语分析还是批评话语分析。

2. 选择研究层面

从社会、篇章、句法、词汇等不同的层面确定研究问题的层次,并将研究问题更加具体、清晰化。如研究的是篇章层次的内容,那么就要搞清楚整个篇章的体系结构是怎样的,内容是如何推开、递进的;如果研究的是社会层面的问题,那么要明晰在如此的社会文化背景下会构造出何种篇章话语,以及这些话语对社会环境产生何种影响。

3. 样本资料选取

在话语研究技术中,样本数量的多少并不是研究是否能够取得成功的关键。样本数量过多的话,还会使得研究分析工作效率低下。样本的选取主要考虑以下因素:研究问题的聚焦中心、研究人员对该问题在社会背景下的理解程度以及资料获取的便捷程度。如样本中的案例要对太极拳的国际化进行研究,因此需要对国内以此为研究方向的专家学者进行访谈,并与参与太极拳比赛的海外选手进行访谈。此外,还要从不同的资

① 毛浩然,徐赳赳,娄开阳.话语研究的方法论和研究方法[J].当代语言学,2018,20(02):284-299.

料中汲取与研究主题相关的中外文化背景知识和社会背景知识。资料的类别选取可以更加丰富，如可以参考文献资料、报纸杂志以及网络资源资料等，获取资料的手段也可以多种多样，如发放问卷、实地调研以及深度访谈等。

4. 样本资料处理分析

在资料处理步骤，定量研究的数据处理一般借助分析软件（如SPSS）对研究的基本数据进行整理和统计，对数据的基本描述、频率和趋势等进行探究。收集的访谈资料还要进行录入、转码、比对等，并结合研究主题的背景资料，抽取话语研究的语言学特征，提炼用于建构研究理论的基本概念，阐明概念与概念之间的关系。此外，如果一项话语研究借助了定量与定性两种范式的数据，就需要将这两类资料进行比对完成资料的审核、确认等。如果两类研究的结果存在冲突，还需要理解冲突的原因并做进一步解释的设计。

5. 研究结果确认

研究结果的确认是话语分析的最后一个研究阶段，如果一项研究不单人完成，由多人的特定团队组成，那需要将研究结果在研究者之间达成共识。如果在多人的研究团队中有不同的意见，还需要对存在分歧的地方不管思考和讨论，最终完善。

四、话语分析的规范性流程

本研究根据前期的整理并查阅相关文献将话语分析的规范性流程分为以下几个步骤（图 13）：前期调查与理论确认、研究层面的明晰、分析资料的获取、资料的处理与分析以及结果确认。

一、前期调查与理论确认

根据主题内容对会话分析、话语分析抑或批评话语分析进行选择

↓

二、研究层面的明晰

1. 社会；

2. 篇章；

3. 句法；

4. 词汇

↓

三、分析资料的获取

1. 充分均衡效率与数量的关系；

2. 避免人力、时间等成本的浪费；

3. 资料的选取可以考虑研究者对问题的社会理解、研究内容的重心以及获取资料的便捷度等

↓

四、资料的处理与分析

1. 定性数据转换为定量数据；

2. 可借鉴特定的工具软件来完成；

3. 有可能实现定量与定性数据的“三角校验

↓

五、结果确认

在该阶段要对多人组成团队的研究结果进行对比并形成共识

图 13　话语分析的规范性流程

步骤一,前期调查与理论确认。在该阶段根据研究主题的内容对会话分析、话语分析抑或批评话语分析进行选择。步骤二,研究层面的明晰。在该阶段要明确对研究问题进行哪个层面的分析,包括社会、篇章、句法以及词汇等。步骤三,分析资料的获取。在该阶段选取分析资料要充分均衡效率与数量的关系,避免由于求大求全造成的人力、时间等成本的浪费。资料的选取可以考虑研究者对问题的社会理解、研究内容的重心以及获取资料的便捷度等。需要注意在该阶段,要凸显样本类型以及获取资料手段的丰富性。步骤四,资料的处理与分析。在该阶段如果研究资料经过转码转换为定量数据,可以借助 SPSS 等统计分析软件对数据进行分析和处理。如果在该阶段获取了定量与定性两种数据,还要对这两类数据进行比对,如若一致则实现"三角校验",如不一致则需要进一步探求引起差异的原因。步骤五,结果确认。在该阶段要对多人组成团队的研究结果进行对比并形成共识。

第九节　历史研究

历史研究作为一种古老的研究方法,在现代研究方法体系中独具魅力。与哲学思辨研究相比,历史研究不止于思辨,还能做到"深切著明"。与调查研究相比,研究对象更加稳定不易受到抽样误差等内生性问题的干扰。更不会像实验研究那样,容易被无关因素影响到研究结果的正确性。关于历史研究价值的讨论很丰富,伯格曾提出,一项历史研究往往能够完成揭示未知、回答困惑、探究过去与当今的联系、对个人及组织的成就进行评价以及增进读者对文化的理解等。

一、对历史研究的理解

历史研究是为了解释过去发生的事情而系统地审视过去事件的过程。谈到传统意义上的历史研究，就必然会谈到史料和历史证据。史料是历史研究者用于开展研究工作的原料。从数量上来看，史料早于历史研究者出现，并且数量远远大于历史研究者能够实际使用的数量。那么，哪些史料能够作为历史证据为历史研究者所使用呢？“价值性”是考量史料能否成为历史证据的关键。但是，关于“价值性”的探讨不同的研究者的意见又难于统一。这就能够解释，为什么会出现对相同的史料不同的研究者会有不同的解读，并有可能激发出激烈的学术讨论。

关于历史史料的考据问题有不同的考证分类方法，如校勘法、二重证据法和三重证据法[①]。校勘法的主要工作体现在发现史料错误，改正发现的错误并证明所修改的内容是正确的，如常见的“用本子互勘”“以文献考证文献”以及“以古书论古书”等。二重证据法的代表人物是王国维和陈寅恪，他们的视角因研究取证的物品来源不同而有所差异。如王国维推崇文献学与考古内容的互证，即地上的古书材料与地下的考古材料互勘。陈寅恪则认为应以“史诗互证”和“异族之书”和本国之书的互证。三重证据法的代表人物是顾颉刚，他认为应结合文献、考古以及民俗学，这种理念接近当代历史人类学的思路。

二、样本中历史研究的应用

历史研究对过去事实的叙述不是静止不动的，是一种流动的、动态的叙述，并且要抓住事件发展过程中的细节以及关键人物的思想和理念等。历史研究在民族传统体育学、体育教育训练学和体育人文社会学样

① 刘良华. 教育研究方法：第 2 版[M]. 上海：华东师范大学出版社，2014.

本中得到广泛应用(表 53)。

表 53　历史研究分布

学科专业	2017	2018	2019	2020	2021	总计
民族传统体育学	2	3	3	3	0	11
体育教育训练学	1	1	1	0	0	3
体育人文社会学	3	1	0	2	4	10
总计	6	5	4	5	4	24

三、历史研究使用的规范性

历史研究的使用规范性可以从研究类型的确定、史料来源以及史料评估标准来界定。

1. 研究类型的确定

样本中历史研究中思想史类型的样本数量最多,如一项关于武术与民俗文化融合研究,以海阳大秧歌为载体,将其武术与民俗文化融合的历史进行梳理,以拳坊的作用以及斗秧歌仪式为切入点进行探究,为武术融入民俗文化活动的价值提供人类学的解释①。

样本中制度史或称改革实践史占比次之,一项关于新中国成立以来我国体育价值变迁的研究,以五年计划政策体系为框架,以具体的体育事件为研究对象,对不同历史转折点下重大体育事件进行发生原因分析以及事件脉络的梳理,实现对历史的真实还原②。

样本中学术史研究也有一定的分布,其中一篇关于太极散手技理探

---

① 滕希望. 武术与民俗文化融合研究——基于海阳大秧歌仪式展演的文化人类学考察[D]. 上海体育学院,2020.

② 焦素花. 新中国成立以来我国体育价值变迁的观念史证与阐释[D]. 北京体育大学,2018.

究的论文采用历史研究法,借助中国传统的哲学思想,对“阴阳”观念的语境进行解读,并与社会环境进行关照,从而实现对太极拳散手实战理念的历史哲学思考①。

此外,在样本中还出现5篇口述史样本(表54)。口述史的发展可以追溯到20世纪30年代,该方法的创始者内文斯提出该方法可以为史学研究提供一个新的研究视角和路径②。他对多名美国要人进行访谈,这些研究被视为口述史研究的雏形。而后,1948年美国口述史学会发布了一项研究报告提出“口述史作为一种记录历史文献的现代技术而确立自己的地位的”③。此后,口述史在新史学的影响下,研究者将研究对象从上层精英转为普通民众。当今,口述史已经成为独立的史学学科门类,在教育学、管理学、社会学等学科中得到了广泛的应用,并形成了一套明确的流程规范④。

表54　口述史研究样本

序号	题目	年份	院校	学科专业
1	王芗斋武术人生与拳术思想之研究	2018	上海体育学院	民族传统体育学
2	武术与民俗文化融合研究——基于海阳大秧歌仪式展演的文化人类学考察	2020	上海体育学院	民族传统体育学
3	自由与秩序:民间武术意义的建构——基于沛县武术的历史人类学考察	2020	上海体育学院	体育人文社会学
4	从主导到协同:宗族文化之于村落体育的表达与实践——基于湘南里堂村的调查	2021	湖南师范大学	体育人文社会学
5	汨罗龙舟文化传播研究	2021	湖南师范大学	体育人文社会学

① 钱茂伟.作为活人历史研究的口述史[J].浙江社会科学,2019(10):141-150.

② 钱茂伟.作为活人历史研究的口述史[J].浙江社会科学,2019(10):141-150.

③ 曲彦斌.略论口述史学与民俗学方法论的关联——民俗学视野的口述史学[J].社会科学战线,2003(04):126-132.

④ 全根先.图书馆与口述史学:渊源、现状和存在问题[J].图书馆理论与实践,2019(01):1-4.

2. 史料来源

历史研究的史料来源是多种多样的,可以包括档案、录音、文物、人物专访、珍贵照片以及文字资料等。样本中使用的史料来源最多的还是文字资料,其中有5篇采用更加丰富的口述史材料。在历史学相关分析技术的规范方法来看,史料的来源可以进一步分为一手资料和二手资料。它们之间的区别在于是否由历史事件的亲历者亲自构建。如果是由亲历者所建构,那么则为一手资料;如果是由其他研究者通过收集、归纳和整理所得的资料则为二手资料。因此,建议在进行历史研究时更多地采用一手资料,因为在二手资料的建构过程中,必将会加入很多的个人认知、情感、思考等容易造成一定程度的出入①。

3. 史料评估标准

在对所得史料加以利用之前,还需要对史料资料进行鉴定处理。常见的历史资料的鉴定方法包括外在鉴定和内在鉴定。其中外在鉴定的方法较为直接,如可以在搜集到的文字资料中探寻书写的手写笔迹、作者的手写签名乃至纸张的保存年限等。内在鉴定的要求就更为严格了,要对史料内容信息的正确与可靠进行评估。比如研究者可以在关于同一主题的不同史料进行比较得到确认,或者对史料所记载的历史事件的实际发生情境进行回溯,对当时的时间、地点以及情境进行明确确认。但是在样本中,关于史料的评估工作很不规范。研究者在使用史料的时候多为直接引用没有做出必要的评估和鉴定。

四、历史研究的规范性流程

本研究根据前期的整理并查阅相关文献将历史研究的规范性流程

---

① 陈墨."心灵考古":口述历史的方法与模式探索[J].当代电影,2010(07):40-47.

分为以下几个步骤(图 14):确定研究的类型、获取历史研究的资料、文字的撰写工作。步骤一,确定研究的类型。在该阶段确定历史研究采用考证研究、叙事研究还是解释研究。考证研究就是利用校勘法、二重证据法和三重证据法对史料进行比对、对比。叙事研究更突出关注个人的心理体验和生活经历,重视讲故事的技巧,类型包括制度史、思想史以及学术史。解释研究则关注对史料理解的区别,如内部与外部的区别、整体与部分间的区别、早期与晚期的区别等。步骤二,获取历史研究的资料。在该阶段要从多种途径获取历史研究的资料,与研究主题相关的资料不管是文字、图片、视频记录、文物或口述史访谈记录等都可以纳入。而后对这些资料进行内在和外在鉴定,完成对史学资料的评估工作。步骤三,文字的撰写工作。在该阶段要本着"同情之理解",不对所谓客观性进行刻意地追求,应关注当时的历史文化环境,体谅被研究者自身的处境。

一、确定研究的类型
1. 历史考证研究;
2. 历史叙事研究;
3. 历史解释研究

↓

二、获取历史研究的资料
1. 资料来源:文字记录、影像记录、文物以及口述史;
2. 资料评估:外在鉴定与内在鉴定

↓

三、文字的撰写工作
1. 同情之理解;
2. 不刻意追求客观;
3. 不能用现世的标准对历史事件和人物进行评判

图 14　历史研究法的规范性流程

第十节　社会网络分析

社会网络分析方法是近年关于文献整理和分析的常用研究方法，在情报学、图书馆学等学科专业广泛使用，在体育学研究领域中也有部分涉及。

一、对社会网络分析的理解

社会网络分析理论曾对社会网络下了一个基本的定义，认为社会是由各种各样的行动者所组成，行动者不局限于个人，也包括团体组织、社会实践等，但是他们并不是孤立存在的，他们之间通过相关的关系构成网络。一个社会网络包括有限数量的一组或多组行动者及限定他们的关系所组成。那么，用来揭示这种关系的分析方法就是社会网络分析法①，该种方法的发展经历了萌芽、再发展和成熟三个阶段(表 55)。

表 55　社会网络分析法的历史发展

发展阶段	主要标志
萌芽 (20 世纪 20 年代)	将社会视为相互交织的网络，社群图的出现
成熟 (20 世纪 70 年代)	专有技术交流平台的出现；学刊的创建以及“强关系和弱关系”理论的提出
再发展 (20 世纪 90 年代以来)	“结构洞理论”和社会资本理论的提出

社会网络分析方法最先在社会学领域中使用，早期的萌芽阶段该方

① 覃学健，李翠白. 虚拟学习社区的社会网络分析研究[J]. 现代教育技术，2009，19(02)：26-29.

法的支持者奥尔格将社会视为相互交织的网络关系，其间出现了社会网络的基本形式——社群图。在社群图中存在点和线，其中“点”用来代表行动者，“线”用来代表行动者之间的关系①。

20世纪70年代以来，社会网络分析方法逐渐走向成熟，体现在“新哈佛学派”的贡献以及格拉诺维特提出的“强关系和弱关系”理论②。该时期，在“新哈佛学派”的努力下，国际社会网络分析平台得到创建和使用，该平台为研究者提供了学术交流的平台。此外，代表该方法的《联络》《社会网络》和《社会结构》三本期刊创刊。“强关系和弱关系”理论指出通过区分情感强度、互动强度、亲密程度和互惠交换四个维度能够将社会网络关系划分为强关系或弱关系。强关系用来维持组织内部之间的关系而弱关系用来维护群体与群体之间或组织与组织之间的关系。

20世纪90年代以来，社会网络分析的学理讨论更加深入，涌现出一批理论研究成果，其中最为引人瞩目的是“结构洞”理论和社会资本理论③。“结构洞”理论由美国学者伯特在1992年提出，他将社会关系网络中没有直接关系连接的节点称为“结构洞”，那些与这些结构洞比较近的节点拥有更多的社会资源因此更具竞争优势。社会资本理论最早的提出者是布尔迪厄，他在其关系主义方法论的基础上明晰了“场域”和“资本”的概念。随后，科尔曼以微观和宏观的联结为切入点对社会资本进行研究，提出可以通过研究社会资本来探明社会结构。随后，社会网络分析方法的使用不再拘泥于社会学及人类学，在大部分的人文社科领域和自然科学领域都引起了研究者的关注。我国引入社会网络分析的时间大概在20世纪90年代，在可以查找到的文献中首次使用该方法的文章发表于1998年。

---

① 王莹. 社会网络分析在协作学习评价中的应用研究——以农林职业技术学院07级计算机基础课为例[D]. 上海：上海师范大学，2008：5.

② 张存刚，李明，陆德梅. 社会网络分析——一种重要的社会学研究方法[J]. 甘肃社会科学，2004，(02)：109-111.

③ 林聚任. 社会网络分析：理论、方法与应用[M]. 北京：北京师范大学出版社，2009.

二、样本中社会网络分析的应用

样本中使用社会网络分析(或个人注明使用知识图谱)的样本共有 3 篇,均为体育教育训练学专业(表 56)。

表 56 社会网络分析分布

序号	题目	年份	院校	学科专业
样本 1	社会网络视角下户外运动共同体的结构与发展机制研究	2018	上海体育学院	体育教育训练学
样本 2	我国体育科技进步及其对竞技体育的促进效应研究	2020	上海体育学院	体育教育训练学
样本 3	我国身体运动功能训练的理论研究	2021	首都体育学院	体育教育训练学

三、社会网络分析使用的规范性

社会网络分析方法的理论早在 20 世纪 70 年代就已经被学者所熟知,但是由于其涉及大量的计算直到计算机技术高度成熟之后才得到广泛应用。因此,也有部分专家学者认为,社会网络分析技术应用受到计算机技术发展的高速推动。当今该方法的使用也包括数据的采集和数据的分析两部分,因此本研究也从这两个维度对其规范性使用进行讨论。

1. 数据的采集

数据网络分析的数据与其他研究方法所收集的数据不同,并不是行动者本身的数据而是行动者之间的关系数据,即前文中提到的社群图中线所代表的数据。在社会网络分析中也涉及抽样的问题,如果研究样本总体很有限,那么就可以纳入所有的节点。如果样本总体数量巨大,那么就可以采用抽样的方式确认研究对象。如样本 1 中要对户外运动共同体进行抽样,因为其数量较大分析全部样本的可能性几乎没有,因此研究者按照类别抽取了户外游憩/教育/竞技/探险共同体的四个典型案例进行分析。三个样本关于研究对象的抽取情况如表 57 所示。

表 57 社会网络分析样本的数据选取情况

样本	是否抽样	样本描述	具体研究对象
样本 1	是	按照类别化抽样方法,抽取四类户外运动共同体的典型案例	以共同 4 个共同微信群中人员之间的互动关系为具体研究对象
样本 2	是	在中国知网中以“体育”、支持基金为“国家科技攻关计划”“国家科技支撑计划”、863 计划、973 计划、攀登计划、软科学研究计划等,限定搜索时间为 2019 年 9 月 23 日,获得 932 篇课题文献,并从中遴选针对特定运动项目及与竞技体育结合紧密的课题文献 434 篇	竞技体育科研攻关课题研究的机构、课题等多网络分析
样本 3	是	将学科设置为“体育”,文献语言为中文,以“功能训练”和“身体运动功能训练”为关键词,在中国知网检索到论文 317 篇,然后以“身体运动功能训练”为关键词的论文 46 篇,将两次筛选文献再次比较去掉重复,最终得到论文 348 篇	1979—2020 年有关身体运动功能训练的相关文献

2. 数据的分析

社会网络分析方法的数据分析涉及工具的选取以及数据意义的解读等。在工具方面,早期主要依靠人工数据处理,由于工作量巨大,限制了该方法的应用普及。在 20 世纪 50 年代,科尔曼就曾试图运用计算机手段对数据进行处理,而后雷恩哈德开发了 SOCPAC I 程序,怀特开发了 BLOCKER 程序等。目前比较流行的数据处理工具包括 ORA Pro、UCINET 以及 NetMiner 等。从样本可以看出,两篇使用 UCINET,一篇使用 CiteSpace。

此外,数据分析根据采用的工具还分为图示形式和矩阵形式。图示形式就是“点”和“面”构成网络图;矩阵形式就是用一个对称矩阵来表明行动者之间关系等的社会网络示意图。样本 1 采用矩阵形式,样本 3 采用知识图谱,样本 2 使用这两种方式完成数据的展现。在数据分析阶段,除了要展示数据可视化部分,还要对一些数据进行说明,如节点数、连接对数以及网络中心度等。在对数据的解析方面,要说明哪些节点的网络中心度更高,说明该节点的活跃度更高,并需要进一步说明其学科意义。如样本 2 就是将发文频次大于等于 10 篇的 45 名作者界定为高产作者,发文量大于等于 10 次的 29 个机构界定为高产机构,利用 UCINET 绘制高产作者和高产机构的知识图谱。

四、社会网络分析的规范性流程

本研究根据前期的整理并查阅相关文献将社会网络分析的规范性流程分为以下几个步骤(图 15):数据采集、数据分析、结果的展示与解读。步骤一,数据采集。在该阶段如果样本总体数量不大可以将所有样本纳入研究视野,如果总体数量巨大则需要通过抽样的方式获取数量一定的样本。步骤二,数据的分析。在该阶段通过使用研究工具对数据的关系进行解读,数据分析的工具可以根据主题的不同采用图示形式或矩阵形式。步骤三,结果的展示与解读。在该阶段对呈现的关系进行表述和解读,如具有较高网络中心度的节点等。

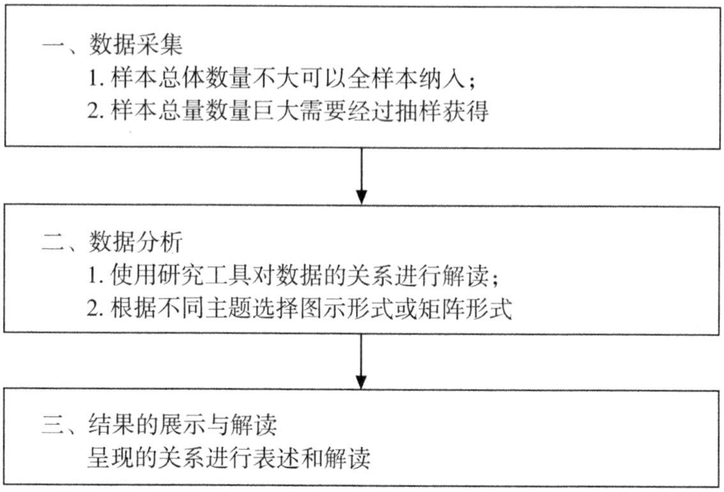

图 15　社会网络分析的规范性流程

第九章　混合研究

在人文社科领域关于定量与定性范式孰优孰劣的争论长期存在,该争论的本质在于两种研究范式背后的哲学差异。定量研究往往采用“科学实证主义”与“经验主义”的研究视角,被称为“硬科学”;而定性研究往往采用“人本主义”与“建构主义”的研究视角,被称为“软科学”[①]。定量研究擅长解答“是什么”的问题,适用于整体性的宏观考量,而定性研究擅长回答“为什么”的问题,适用于个案或社会现象的过程性及其背后机制的探寻。两种研究范式从本体论、认识论和方法论上存在明确的差异[②]。

在定量范式与定性范式能否在同一研究中共同使用的讨论中逐渐形成了三大阵营:纯粹主义者、情境主义者和实用主义者[③]。纯粹主义者认为定量与定性是两种不能调和的研究范式,为了保证研究的纯洁性不能将两种范式加以混用;情境主义者认为应先分析研究问题的应用情境,再决定是否需要采用范式结合的方式处理研究问题;实用主义者认为“问题解决”是一切研究活动的第一要义,应本着实用的研究理念,充分发挥定量与定性研究的各自优势,将两者结合一起共同使用。事实上,在人文社科领域的研究范畴中,研究对象情境复杂,内生性地要求研究范式的使用具备更多的包容性和多元性。定量与定性的争论不应仅停留在是

---

① Greene J C,Graham C W F. *Toward a Conceptual Framework for Mixed -Method Evaluation Designs*[J]. Educational Evaluation and Policy Analysis,1989,11(03):255-274.

② 〔美〕塔沙克里等. 混合方法论: 定性方法和定量方法的结合[M]. 唐海华译. 重庆: 重庆大学出版社, 2010.

③ 〔美〕克雷斯威尔. 研究设计与写作指导:定性、定量与混合研究的路径[M]. 崔延强译. 重庆:重庆大学出版社,2007.

否可以结合使用的基本层次,应从方法论的角度继续深入探讨结合的模型、流程等实践意义的议题。

第一节　混合方法的发展与崛起

一、定量定性的范式之争

混合研究自诞生以来,经历了一段时间的发展,经过了发展初期、范式争论期、程序完善期和范式反思期。在不断的自我发展与完善的过程中,该范式逐渐独立、成熟,具备了成为与定量、定性研究范式平等的学术地位,具备了自身的哲学基础、设计模型、具体技术的应用以及研究群体的接受与认可。

定量研究与定性研究在样本获取、数据收集、数据分析和数据解读等方面存在显著的差异(表 58)。定量研究擅长从问卷、实验中获得严格的标准化程度高的数据,并把现象转化为数字化的价值标准;定性研究重视收集非结构化的信息,对研究对象进行深刻且丰富的深描①。

表 58　定量与定性研究数据处理的区别

维度	定量研究	定性研究
样本获取	为获得有代表性的样本常采用目标性取样和概率性取样(分层随机、简单随机、系统随机等)	为获得典型性、丰富性对样本常采用典型个案取样、方便取样等

① 张一苇,赵野田.实证还是非实证?——论思想政治教育研究方法的选择与运用[J].思想教育研究,2018(05):32-36.

续表

维度	定量研究	定性研究
数据收集	标准化程度高,可以使用通过问卷、实验等获取的一手数据,也可以使用来自官方文件、个人以及其他研究成果的二手数据	标准化程度较低,为了深度理解受访者的想法,多采用焦点小组、开放式访谈和自然观察等方式
数据分析	用于对之前研究假设的验证,变量与变量之间是否存在统计学意义	对收集到对文本数据进行主题分析和内容分析
数据解读	赋予与理论相关的所得结果意义,证实、拓展,或对原有理论提出挑战	对数据进行归纳和推理,对现象的系统观察实现意义的理解、解释和创造

此外,定量与定性研究的差异根源,更多地体现在两种研究范式在哲学基础、方法论假设等方面的差异①。世界观是引领研究者思考、设计、开展研究工作的基础,哲学基础包括了指导研究工作的一系列的信念与假设。定量研究将客观现实看作独立、有形的,知者和被知者相对分离独立的客观主义世界观视角。而定性研究却秉承着将现实看作多样化的,认识者与被认识者无法分割的建构主义的世界观视角。

方法论是不同的世界观和哲学基础指导人类实践活动的具体路径,规定了研究方法的基本逻辑,为研究活动提供一系列的规则与适用条件等。定量研究采用规范性的方法论,对事实材料进行收集、编制与同化,以认识世界一般规律为己任,广泛应用于自然科学领域。定性研究采用独特性的方法论,希冀于对独特性的、具体的个案对象或事件进行描述与表征,凸显深描的特征,广泛应用于人文社科领域。这两种方法论是人类认识实践活动同一连续体的两个端点,但存在互动的关系。因为每一个一般性的科学概念都与规范科学相关,另一方面人类认识到的每一个一般性的规律都基于对差异性的个案的观察和分析。

① 潘懋元主编.高等教育研究方法[M].北京:高等教育出版社,2008:53.

二、混合设计概念界定

在探究混合研究的初期,最早提出的概念即为“三角校验”或“三角测量”。1959 年,坎贝尔(Campbell)提出“多元特性——多元方法矩阵”的概念,主张在一项研究中使用多种定量方法规避研究差异来源于研究本身而非方法引起。1978 年,丹增(Denzin)提出“三角测量”的概念,倡导在一项研究中使用多种不同的资料来源。丹增认为“三角”的概念可以包含四种路径:资料、研究者、理论和方法论其中,资料的三角测量通过在研究中采用多种资料来源来实现;研究者的三角测量通过不同研究者独立地对同一项研究开展工作;理论的三角测量采用多元视角来解释研究结论;方法论三角测量多采用多元方法来开展研究活动。

早期对于混合设计的论述都是围绕“三角测量”来讨论的。而后在 1989 年,格林(Greene)在以 1980 年后的 57 篇混合研究设计研究成果为样本,总结出混合设计的五个目的,即:三角测量、补充、创造、推进和扩展(表 59)。

表 59　混合研究的 5 个目的

混合设计的目的	释义
三角测量	从研究者、资料、理论、方法论等角度寻求研究结果之间的聚合。
补充	将使用一种方法的研究结果与使用其他方法的结果进行比较,在这一比较过程中寻求解释、例证、改进和澄清。
创造	一种研究方法的结果可能会产生矛盾、悖谬等新的视角,从而达到丰富另外一种方法结论的目的。
推进	第一种研究方法得出阶段性结果后,再继续使用第二种方法
扩展	通过采用多种方法扩大研究的范围和广度。

三、混合研究设计模型

关于混合研究的讨论重点的议题之一就是研究的设计。对于混合研究设计的讨论也存在两类截然不同的观点：一部分学者强调研究设计的必要性和重要性；而另一部分学者却认为鉴于研究工作的往复，试图构建所有的研究设计类型是不可能的[①]。但是从实际使用者的角度来说，如果能够获取研究设计类型的研究成果，会在日常的研究工作中得到切实可行的指导。此外，具体工作的开展也是对理论研究成果的推进和再发展。

1. 乌林(Ulin)等的定量定性混合的场景分类

1996 年乌林等在一项有关生育健康问题的跨国研究中提出了定量与定性研究的不同场景分类：工具构建说、结果解释说、结论扩大说和均衡平行说(表 60)：

表 60　定量与定性研究的不同场景

应用场景分类	释义
工具构建说	如想通过一项定量研究完成一组样本量较大的测量，但是缺乏明确的测量工具，可先采用定性研究设计出该种工具
结果解释说	如在开展一项定量测量后，研究结果可以分为几组，就可以采用定性研究对每组研究结果进行深入讨论
结论扩大说	如一项先采用定性研究的结果明确后，通过定量研究将结果内容扩大到更大的样本群体
均衡平行说	如一项研究同时进行定量与定性研究，对两种结果进行比较。若结果一致则结果得到确认；如果结果矛盾，将引发进一步的讨论

① 〔美〕加里·金，〔美〕罗伯特·基欧汉等. 社会科学中的研究设计[M]. 陈硕译. 上海：格致出版社，2014.

2、克雷斯韦(Creswell)的经典设计

克雷斯韦将混合研究划分为四个研究类型:三角校正设计、嵌入式设计、解释性设计和探索性设计(表61)。

表61 克雷斯韦的经典设计

设计类型	释义	特征
三角校正设计	将定量研究的统计结果与定性研究的发现直接进行对照比较,或使用两种不同方式对研究结果进行证实,做交叉效度分析或相互确认	定量(大样本、趋势及类推)与定量(小样本、详细、深入)结合互补彼此优缺点;一个阶段同一时间完成,质量同等比重设计;资料分析时将两种资料结果聚合或质量资料的相互转化
嵌入式设计	以某一类资料为主,另一类资料为次要、支撑型的研究设计。可以在一个定量实验研究中嵌入定性资料或在一个现象学定性研究中嵌入定量资料	一类资料不足以完成一项研究;每种不同类型的问题需要不同类型的资料作出回答
解释性设计	通过定性阶段的解释,扩展最初定量研究的结果	两阶段的混合方法设计。适用情境包括:对定量研究的显著及不显著结果、出乎意料的结果的定性解释;通过对定量研究结果进行分组,采用定性研究对分组差异进行进一步的追踪;以定量研究样本的特征为依据,指导定性研究阶段的采样
探索性设计	如果缺乏理论或研究框架、没有现成的测量工具或变量不便确认时,通常采用这种起始于定性研究的设计方式	两阶段的混合方法设计。前期定性研究生成研究工具,后期利用前期获得的研究工具对大样本进行施测以验证有效性

2019年,克雷斯韦在北京讲学时,将四种研究设计加以修正和说明,可以将混合研究设计为四种类型:探索性序列混合方法设计、解答性序列混合方法设计、聚合式混合方法设计和实效型混合方法设计。其中,实效型混合方法设计是聚合混合方法设计和解释型序列聚合方法设计。

3. 约翰生(Johnson)和奥韦格布兹(Onwuegbuzie)的时序、比重设计

2004 年,约翰生和奥韦格布兹以时序顺序及所占比重为视角,设计出 9 种混合方法的设计类型(图 16)。从时序序列来看,可以将混合研究分为同步与异步两种设计方式,从所占比重来看,可以将占据主导地位与非主导地位的比重要求分别进行设计。因此,可以演化成为 9 种不同的混合设计类型。其中,“+”表示同步完成,箭头表示异步完成,大号字体表示所占比重高,小号字体表示所占比重小。

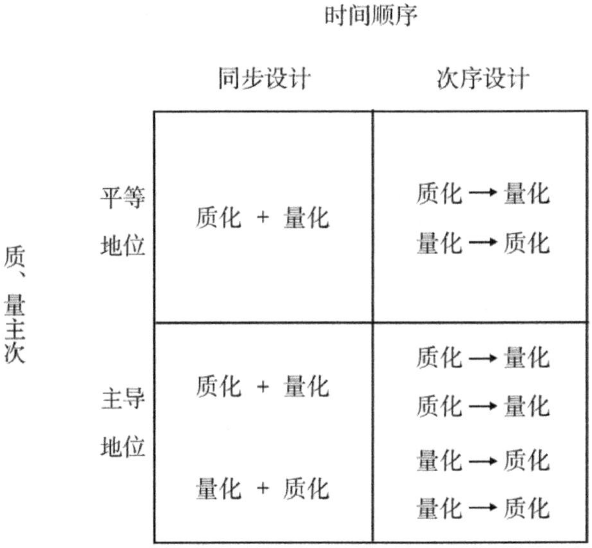

图 16　混合设计 9 种类型

此外,2007 年克雷斯韦和普莱诺克拉克(Plano Clark)以现有研究的设计总结出核准式、探究式、嵌入式、解释式 4 种基本类型及其变异共 10 种设计类型[①]。同年,格林提出混合设计的应更加重视目的性而非公式化,认为按照目的性要求可以将混合研究分为仅在推论阶段混合的成分

① 〔美〕加里·金,〔美〕罗伯特·基欧汉等. 社会科学中的研究设计[M]. 陈硕译. 上海:格致出版社,2014.

设计以及混合贯穿整个研究过程的结合设计。

通过之前对混合设计的成果讨论,可以看到虽然学者对混合设计的侧重点不同,但是可以看出所有设计模型都秉承一种逻辑,即所谓的“维度”:

(1)定量研究与定性研究的占比比重,是同比重设计还是主从设计;

(2)定量研究与定性研究的时序性,是顺序型设计还是同步型设计;

(3)混合操作发生的时机,是问题形成阶段还是数据采集、分析、解释阶段;

(4)混合的目的是什么?是三角测量、补充、创造、推进还是扩展。

在进行混合设计时,要充分考虑以上四个方面的问题,依据研究问题的实际以及对四个维度的侧重和喜好选择适合的混合设计模型。

四、学术团体推广认可

2005 年,混合方法的首次国际研讨会在剑桥大学召开,一百多名专家和学者参加了该会议。同一年,赛捷(Sage)公司创办混合研究方法的首个期刊并于 2007 年首次刊发。当今,混合研究方法在多个学科领域蓬勃发展,如社会学、教育学、心理学、图书情报学、管理学等。

朱庆华(2013)对 2010—2012 年出版的《情报学报》、JASIST 及 JIS 三种期刊的 1031 篇论文进行分析,总结出 6 种主要的混合研究类型(表 62)。

表 62　六种混合研究的类型

类型	特征
描述型研究	重点回答“是什么”的问题,就某个现象或事件进行描述与分析
探索型研究	当缺乏前期研究成果、理论基础不牢固及缺乏相应的研究工具的时候使用,能初步形成变量、构件等
解释验证型研究	重点回答“为什么”的问题,试图通过因果关系的探寻,对现象背后的机理进行进一步的阐释

续表

类型	特征
预测型研究	重点回答“可能会”的问题，通过对理论观点、假设命题的时序性的探索，试图归纳出未来发展的路径或趋势
评价型研究	重点回答“怎么样”的问题，通过综合评价试图提出发展现状及存在问题
规划设计型研究	重点回答“如何做”的问题，具有较为严格的步骤和框架流程，实现构念的付诸实现

李刚等(2016)就混合研究在教育学学科领域对具体应用，根据定量与定性研究在时间安排、比重侧重以及混合的阶段和功能，解读三种基本的混合设计类型(表63)：量化—质性并行设计、量化—质性顺序设计和质性—量化顺序设计①。同时，提出在教育学领域中，混合研究设计存在多种实际困境，如资料搜集分析的困境、转译的困境、结论整合的困境以及结果推论的困境等。

表63 教育学领域中混合研究的设计类型及混合时机

类型	特征	整合发生的时机
量化—质性并行设计	定量与定性同时进行，通过互补的资料更好地深入理解问题	一方面，通过资料的转译实现资料的同类化，便于综合分析；另一方面，对比定量与定性资料的研究结果，对趋同、相关或对立进行进一步的解释
量化—质性顺序设计	先定量后定性研究，定性研究作为先期定量研究研究结论的解释	一方面，定量研究的结论与定性研究的资料搜集建立“连接桥梁”，将定量研究的结果如显著/不显著，异常等结论生成定性研究的研究问题；另一方面，在资料的解释阶段，定性研究可能的结果包括对定量研究结论的解释或无法解释引发进一步的反思及问题重构

① 李刚，王红蕾.混合方法研究的方法论与实践尝试：共识、争议与反思[J].华东师范大学学报(教育科学版)，2016，34(04)：98-105.

续表

类型	特征	整合发生的时机
质性—量化顺序设计	先定性后定量研究，缺乏研究工具或理论框架不明确的情况下适用于该种情境	一方面，定性研究的结论可以为定量研究提供变量参考；另一方面，定量研究能够实现定性研究如扎根理论成果的推广性，如实际发生冲突，会引起研究人员的反思与问题重构

第二节　体育学混合研究的应用

混合研究在体育学的研究领域里也体现出诸多的学科特点，如数量增加与自身母学科的混合范式使用相似，但是在对混合设计的陈述以及混合结果的解释上还有一定程度的欠缺。

一、定量定性技术混合的数量急剧提高

从全部样本的总量 339 篇来看，混合范式共有 125 篇，整体占比 36.87%。尤其是在社科学科领域中，民族传统体育学、体育教育训练学、体育人文社会学、体育管理学占据整体比例的 20%、49.57%、58.21%和 86.36%。不同学科在混合研究应用领域都取得了广泛的研究成果，如表 64 所示。

表 64　不同学科混合范式样本举例

学科	混合涉及	样本举例
民族传统体育学	多为问卷与访谈的混合，或在此基础上结合实验数据，或者在访谈的基础上结合文本分析的设计方式	《中国武术文化软实力综合指数的构建》《太极拳锻炼对苯丙胺类兴奋剂依赖者身心康复的研究》以及《评估与诠释：国际武术联合会政策话语研究》
体育教育训练学	多为问卷与访谈法或实验、测试与访谈法	《排球运动员扣球动作弱环节的诊断与提高研究》《篮球运动员预防损伤体能训练理论建立及实证研究》
体育人文社会学	多为问卷法与访谈法、实地调查、个案研究相结合或以德尔菲法为基础开展文献比较、数理统计等	《我国高校户外运动风险管理研究》《消费社会视域下的炫耀性体育消费研究》《体育产业与城市化耦合发展机理及其效应研究》《省级体育彩票公益金使用绩效评价研究》
体育管理学	多为问卷与个案研究、实地调查或访谈与文本分析的结合	《大众体育政策执行效果评估研究——以〈上海市全民健身实施计划(2011-2015 年)〉为例》《上海市新生代农民工城市融合对体育休闲参与的影响研究》《我国学校体育保险模式研究》

二、具备其母学科混合范式的使用趋势

在体育学的各个学科中，研究范式一直带有其母学科的特色。如以体育心理学为例，其母学科为心理学。科学心理学从冯特创建以来，一直秉承用定量的研究范式来研究人类的意识，这一研究范式也支撑了心理学在飞速发展的同时取得了丰硕的研究成果。但是，随着定性研究范式的兴起，越来越多的心理学研究者借鉴了该范式的深入、典型以及个性化的特征，以更加开放的态度将定性研究与定量研究进行整合。一些心理学范式理论研究者也在梳理心理学混合研究的可能性，认为“混合研究为心理学研究提供了更为综合的有益环境”，阐述了在哲学水平、方法论

以及方法技术上混合研究能够处理更为复杂的心理研究议题。

体育管理学面临同样情境，有研究学者对国外公共管理研究成果进行梳理。结果显示，在2001—2010年很少有研究采用混合研究范式，但是在2011—2017年的同样四个国际期刊中混合研究成果的占比达到了33%。该数据表明，在管理学研究领域中越来越多的研究实践者探究混合研究范式对该学科研究主题的独有使用价值。一些管理学混合研究的支持者探讨了混合研究方法在管理学领域中的适用条件、分类方法、具体设计模型以及操作流程等。

三、对混合范式的描述和设计不够清晰

一项研究的科学保证是在研究的初始阶段完成对整个研究过程的详细设计。良好的设计能够帮助研究者在有限的时间、经费、精力投入中获得更多的效益成果。换句话说，研究可大可小，数据可多可少，这些客观因素在某种程度上会影响一个研究的优劣，但是研究设计却是重中之重。在一项混合设计中，首先应将混合"明确化"即"去隐性化"[①]。因为在很多研究样本中，虽然分别使用了定量和定性的研究技术，并且将两类研究结果进行了比对、补充、解释或验证，但是却不曾在研究方法的章节中明确说明该项研究是混合研究设计思路。

也有研究设计专家曾指出，应该在混合研究设计章节中明确说明三项内容：比重比例、时间导向以及混合的层次[②]。比重比例用来说明在一项研究中，定量与定性研究部分是同比重设计还是主次设计，如果是主次设计的话还要说明定性与定量研究的主次关系。时间导向用来说明在一项研究中，定量与定性研究在时间安排上是并发执行的，还是有前序和后

① Bylund H B, Denzin, N K *The Research Act: A Theoretical Introduction to Sociological Methods*[M]. New York: Praeger, 1972: 291-307.

② 杨立华，李凯林. 公共管理混合研究方法的基本路径[J]. 甘肃行政学院学报，2019(06): 36-46.

继的设计。混合的层次用来 说明混合的定位,是一项研究整体都采用混合设计还是仅在该项研究中的某一个环节中吸收混合设计的思想。总之,混合研究设计的目标是使研究更加高效并且是以实现研究目的为最终衡量基准的。

四、定量定性结果缺少严谨有效的整合

一般来说,定量研究的样本数量较大,在一项混合研究中扮演"广度优先遍历"的原则而定性研究的样本小且精在一项混合研究中扮演着"精度优先遍历"的原则。所以,从这两种范式的特点我们就可以得出混合研究的目的是展现两种不同范式的优势,弥补其内生性的劣势从而体现出"1+1>2"的效果。但是,从实际的使用中也可以明显地发现,虽然在数量上混合研究具有凸显之势,但是从数据的整合方面还存在明显的问题。大部分的样本只是单独地采用不同研究范式收集数据并分析数据,两类数据孤立理解,没有形成内部的逻辑性衔接。其实,在混合研究中有一项重要的工作就是两类数据的互相转化。如果是同比重设计,往往需要比较两类数据结果的内容一致性从而完成数据的"三角验证"。如果是以定量研究为主的混合设计,就需要将定性数据通过提取关键词等方式进行量化处理,与定量研究进行有效整合。如果是以定性研究为主的混合设计,就需要将定量数据通过进行类别化处理,从每个类别中寻求样本与定性研究的典型性案例进行比较和分析。

第三节　混合方法的通用程序

任何一项研究都要明确研究问题类型,合理使用具体的资料收集方法、选择具体的研究技术,精进分析程序。混合研究的特殊性还需要回答

在范式内各种方法都混合还是研究范式之间方法的混合,并且明确在什么时间、在哪个阶段进行混合。此外,还要回答混合方法研究的幅度掌握问题,涉及混合的范围、深度以及广泛性。混合研究与单一范式研究相比,对研究者的要求会更高,需要研究者真正擅长两种研究范式的具体技术,并且有丰富的相关研究经验。从时间成本上来考虑,一项混合研究会更加耗时,如果在实际操作中出现了与设计预想差别较大的情况,还需要回溯到先前的研究设计中去,对存在问题的点重新进行梳理和考证。鉴于此,本研究将体育学中的混合研究设计出一种通用的程序,用来帮助研究初学者对该项范式的规范化使用(表 65)。

表 65　混合研究的一般过程

序号	过程名称	完成的主要工作
1	确定研究目标	确定一项研究总体的研究目标,需要达到的研究成果用来解释哪一类问题
2	确定研究客体	对要研究的客体做出明确、详细地限定。对其基本特征有一定程度的了解
3	确定混合的逻辑依据	整体规划混合研究设计,定量与定性研究的时间安排、比例设定等
4	混合的具体目的	用来说明此次研究采用混合范式的选择依据:如该研究是为了校验、探索、解释一个难于用单种范式探究的研究问题
5	确定研究问题	将研究目标拆解为实际能够解决的若干个小的有内在联系的研究议题
6	确定抽样样本	确定研究样本的总体,并按照一定的抽样策略确定具体研究样本,此时应注意在定量和定性范式在抽取样本时的策略区别以及这两类研究数据之间的关系,是重合、包含与嵌套或是平行
7	确定混合研究设计	从整体架构的角度对混合研究进行设计,规定具体的研究问题与样本,数据的收集、整理、分析和解释的方法以及研究结果的信度与效度检验

续表

序号	过程名称	完成的主要工作
8	数据收集	定量研究的数据收集常常采用问卷、实验、文本分析等技术;定性研究数据搜集常采用访谈、德尔菲、个案、实地调研等技术。分别搜集到两种不同范式技术的数据并进行初步的数据清理
9	数据分析	采用研究者擅长并熟悉的定量、定性技术对收集到的数据进行分析
10	假设检验	将分析后的研究数据与研究假设进行比对和校验,证实或证伪研究假设
11	数据解释	将获取的分析数据结果与研究问题再次比对,对研究问题进行进一步地阐释,在该阶段如果有无法解释的现象,会引发新一轮的探究
12	撰写研究报告	将研究过程按照标准体例,完成研究报告的编写工作
13	研究反思	对混合研究的整体进行回顾性反思,从研究结果与假设的达成度、数据的采集与分析、研究结果的推广度以及研究的展望等对此项混合研究进行反思

第四部分　走向实践之行动研究

行动研究的开创者一般认为是杜威、科利尔以及勒温。关于将研究置于行动实践之中的观点最早来源于杜威的“从做中学”，杜威认为知识与行动的分离是错误的，推崇将科学方法与社会实践进行有机融合。从杜威的理解来看，社会科学与自然科学的最大不同之处在于自然科学可以在实验室中完成工程研究，能够将研究与实践相分离。但是，社会科学只能回归社会环境，在实践中开展研究，所有的研究方法也只能至于实践中才能得以应用。杜威的贡献在于，将研究方法应用于社会实践，并为社会研究方法明晰了便于理解的操作步骤及注意事项，在一定程度上填补了科学理论与实践的鸿沟。

行动研究的第二位奠基人是美国的约翰·科利尔，他在 1933 年至 1945 年担任美国印第安人事局局长，在任期间就白人与印第安人的种族关系改善作出了积极的研究探索。当时的社会历史条件下，种族冲突问题极为突出，先前的政策推进也遇到了重重困难。科利尔试图将与政策相关的研究者、执行者和接受者全部调动起来，共同参与到解决方案的执行中。结果表明，政策执行在实践中，随时接受政策执行者和接受者的检验，才能对政策进行客观、公正地评判。在这一能动的过程中，政策执行者和接受者以个人需要为出发点，主动地参与到政策研究中，而不仅仅局限于政策研究者的空想和理论分析。

行动研究最重要的实践奠基人是美国著名社会心理学家勒温。20 世纪 40 年代，他在自己的研究中大胆启用犹太人和黑人实践者，引导他们对改善自身与其他人种的关系问题进行反思。在该项研究中，勒温重申了社会科学研究中不能仅做到“为了研究而研究”[1]。此外,他在对行动研究理论探究的基础上还带领团队做了许多开创性的尝试。例如,对二战所造成的社会变革问题开展行动研究,并著有《行动研究与民族问题》一书。在该书中对行动研究的概念进行阐释,认为一项行动研究应是来自实际的工作需要,而研究的主体是实际工作者和研究者。项目实施中,只有在两类人员的共同努力下,研究成果才能得到实际工作者的理解、掌握和实施,才能完成预先的实施目的。

在勒温后的几十年,行动研究在工业组织的相关研究领域中得到了广泛地应用,如有关工业民主化的研究、社会技术研究等,并在教育学、心理学等学科中影响深远。在我国,行动研究自 20 世纪 90 年代被引介至国内,首先采用行动研究的是教育学。

---

① Lewin K. *Action research and minority problems*[J]. Journal of Social Issues,1946,2(04):34-46.

一、行动研究的体系地位

董树梅(2013)曾对行动研究的归属问题就方法论的角度进行解读,认为行动研究不是单纯指代独有的一种具体研究技术,而是一种研究方式、途径或问题解决的视角①。具体技术的选择应该根据研究的具体问题、研究目标以及研究的诉求信息共同决定。那么,关于行动研究的归属问题就可以理解为,行动研究与思辨研究(非实证)、实证研究是同级概念。而归属于实证研究的定量、定性与混合研究位于下一级。这一理解在教育学领域中得到广泛接受。

二、行动研究概念的理解

学界关于行动研究的概念尚未有一个明确的统一定义,有代表性的定义(表66):

表66　行动研究的概念

年份	学者	定义
1944	勒温	研究选题源于工作者的实际需要,研究工作也在实际环境中开展,并由实际工作者和研究者共同参与完成。研究以解决实际问题、改善社会行动为目的
1985	《国际教育百科全书》"行动研究"词条的撰写人,澳大利亚凯米斯(Kemmis)	由社会情境(教育情景)的参与者,为提高对所从事的社会或教育实践的理性认识,为加深对实践活动及其所依赖背景的理解而进行的反思研究
1991	英国行动研究领军人物埃利奥特(Elliott)	行动研究是改善社会情境中行动质量的一种研究取向

① 董树梅.行动研究是研究方法吗?——对行动研究归属的方法论解读[J].上海教育科研,2013(07):30-32.

续表

年份	学者	定义
1996	斯特伦格(Strenger)	行动研究能够生产出理论所需的丰富的基础知识和纯学术的成果,但是行动研究最基本的功能是能够成为实际问题的解决工具
1998	华莱士(Wallace)	行动研究就是各类工作人员的通力合作下,在现实情境下发现研究问题并提出解决方案实现提高行为质量的目的
1999	巴斯克维尔(Baskervilleet al)	面对复杂的社会经济现象时,在实证主义研究方法较难显效的情境下,应试图一面做出干预引发变化,一面在干预的同时研究者在观察的基础上开展课题研究。认为行动研究能够完成实际问题的解决也能够在社会科学研究领域完成理论贡献

从上表的多个定义中不难看出,虽然各位学者对行动研究的定义侧重点不同,但都具有很多共识,因此本研究将行动研究作以如下定义:行动研究是聚焦于实际情境和问题解决,由研究者、执行者和实践者通力合作完成的反思性工作,这一工作不但具有实践价值还具有理论价值。

通过对行动研究概念的梳理,可以进一步对行动研究的特征进行深入理解(表 67),归纳出行动研究具有情境探究性、问题解决性、参与合作性和批判反思性的特征。

表 67　行动研究的特征

特征	释义
情境探究性	行动研究重视对自然情境和社会情境的探究,与以往传统自然科学实验设计追求控制变量所不同,是一群实践者根据工作的处境及实务特征,通过团队合作提高行动质量的一种取向
问题解决性	以实际问题解决为第一诉求,针对社会情境或自然情境中实际的问题,提炼成研究主题,通过多种研究技术开展系统性的研究工作
参与合作性	实践者参与研究过程,与研究者相互协作。两者参与合作的程度取决于研究者的方向,相互协作的效率、行动研究的结果和取得的知识等

续表

特征	释义
批判反思性	行动研究是在情境中发现问题，制定研究计划，指导研究工作，阶段性成果对研究程序进行有效调整，并时刻反思的过程

三、样本中行动研究的应用

在本研究的样本中，行动研究均在体育教育训练学专业中体现。其中一篇以体育教育本科专业教室教育类课程的优化的相关研究，两篇涉及智力障碍儿童的适应体育方面研究，一篇涉及青少年网络成瘾体育干预的相关研究（表68）。

表68　样本中行动研究案例

序号	题目	年份	培养单位	专业
1	青少年网络成瘾体育干预理论构建与实证研究	2015	山西大学	体育教育训练学
2	体育教育专业教师教育类课程的优化研究	2017	上海体育学院	体育教育训练学
3	福利院重度智力障碍儿童适应性身体活动健康促进的理论与实践研究	2019	上海体育学院	体育教育训练学
4	适应性体育活动影响随班就读轻度智力障碍儿童青少年运动参与的实证研究	2020	上海体育学院	体育教育训练学

样本中一项关于体育教育专业教师教育类课程的优化研究①，就是源于术科专项课程多数采用理论教学的形式缺乏对学生实际教学能力的培养，特以沈阳体育学院体育教育专业一个班级学生为研究对象。研究对象是14级体教专业健美操专项学生，人数18人，在2016年的两个学期开展为期两个阶段的行动研究。因在该时间段研究对象的专项技术已

① 张赫.体育教育专业教师教育类课程的优化研究[D].上海体育学院，2017.

经掌握到一定阶段,适合在课程中加入教学能力培养的环节,恰逢这两个学期的教学计划中开设了“模拟教学”的课程,因此选取该18名学生作为研究对象与本研究主题高度吻合。该项研究在计划阶段研究者与任课教师一起从宏观层面就课程目标、课程实施的具体方式进行研究设计。在开展行动研究时本着该方法行动修正与实施过程,将研究过程分为六个主要步骤:第一,结合教师及学生访谈,对动作教学和小型课实习进行观察发现问题;第二,与任课教师一起调整教学大纲,修改小型实习课单元行动计划;第三,任课教师实施行动计划,研究者进行观察并随时记录情况;第四,通过对学生及教师的访谈搜集数据,对行动计划进行反思;第五,随之而来的新问题得以发现;第六,提出改进意见。可见,一项行动研究是一个循环往复、循环深入的动态过程。在这样一个螺旋式的实践经验与理论成果逐渐上升的过程中,实现多个“计划、行动、观察与反思”环节。

当今,在国际研究领域与残障儿童相关的研究多采用行动研究的方式。因为该种方式的关注点之一就是改变,这些改变对于研究来说是至关重要的。在一项理论构建的研究中,只有经过实践的检验才更具有说服力,也只有经过实践才能对其有效性及可行性进行检验,从而提高理论研究的推广度。样本中有两项研究都是与智力障碍儿童的适应体育锻炼有关,均采用行动研究的方式对先前构建的理论进行行动探究,验证并修正之前的理论研究成果。

样本中的一项适应体育研究就是以上海市某福利院的42名儿童为行动研究对象(实验组24名,对照组18名),研究者进入实验现场后分别完成儿童健康水平评估工作、方案实施人员相关理论培训以及研究参与者的座谈会,并以此为基础完成行动计划的实践操作培训①。方案的施行根据先前的培训具体展开并开始正式的实施与观察。在一段时间的行

① 王丹丹. 福利院重度智力障碍儿童适应性身体活动健康促进的理论与实践研究[D]. 上海体育学院,2019.

动研究期间，研究者通过两项工作完成对整个研究过程的监控：其一，每周接收到实施者的本周训练方案及相关视频；其二，通过定期与基金会相关人员到福利院查看实际实施过程。在此基础上，及时发现问题并对实施方案进行调整。最后采取阶段性的儿童健康水平评估对锻炼效果进行评价和反思。在这一研究中，充分体现了行动研究的核心要义——参与与合作。在该项行动研究中，在残障人士能力尊重的基础上，鼓励照顾者同时参与研究，利用研究者的专业知识来改善残障人士的实际生活，具有深远人文关怀意义。

四、行动研究的规范性流程

每一种研究范式本着“共同遵从”的原则势必会有基本的操作流程，行动研究也不例外。关于它的必备流程很多学者也都提出了个人直观的见解。早在 20 世纪 40 年代，勒温就曾经以计划、调查、实施等概念规范行动研究的流程。勒温的继承者凯米斯等将勒温的系列论述进一步概括，设计出一个具有明显杜威“思维五步”的流程：“问题明确—确定解决该问题的行动目的与过程—设计步骤—材料整理—实践情境检验。”这些早期的行动研究实践者对研究流程的设计为后续继承者的深入研究提供了强大的理论基础。而后，多名学者如艾略特、迈克南、斯特林格等都对行动研究的流程提出了个人的见解，虽然从表述上有一些差异，但是从核心观点来看都重视研究与行动的结合，仅是阐释的角度略有不同。在多个行动研究流程的成果中，凯米斯的贡献影响最大。他指出，行动研究流程是非线性的，体现出螺旋上升的特征。每一个螺旋发展圈包括计划、行动、考察与反思四个联系紧密的步骤。当一个循环结束时，新的循环即将开始，实现螺旋上升的发展。这种螺旋上升的工作路径与实践中研究者周而复始的研究工作极为契合，体现出实际工作的艰辛。在这一过程中，实践者不再是被动接受研究者安排的角色，而是能够主动参与到实践过程中并能将反思成果运用到该过程的主体性角色。

因此,本研究根据前人的总结经验,并结合体育学的特色,提出行动研究的基本规范性流程:适切性评估、明确研究问题、确定研究计划、实施研究行动、对研究者进行多方考察以及研究性反思(表69)。

表69 行动研究的规范性流程

序号	过程名称	完成的主要工作
1	适切性评估	行动研究多用于理论创建的实践验证研究
2	明确研究问题	进一步对研究主题进行理解,对能否开展行动研究并对研究主题进行明确表述
3	确定研究计划	计划始于解决问题的需要,并按照合理化的设计原则对研究计划进行详细设计
4	实施研究行动	行动表示对先前研究计划的具体实施,进一步按照计划设计和设想目的及具体步骤详细执行
5	对研究者进行多方考察	多方观察是对行动过程和结果的人、物、事件等资料进行收集、整理以及资料整合,形成研究报告
6	研究性反思	反思是先前行动过程和效果的再思考,通过对整合资料的分析以及行动研究过程中的所思所想形成对研究问题、过程、细节的重新思考,引发进一步的研究设计。循环往复,体现行动研究螺旋上升的特性

参考文献

[1]张力为. 体育科学研究方法[M]. 北京:高等教育出版社,2002.

[2]黄汉升. 现代体育科学研究的方法学特征[J]. 体育科学,1999,19(02):6-10.

[3]邵伟德,陈伟明. 论现代体育科学研究方法论的几个特征[J]. 北京体育大学学报,2002,25(04):454-456.

[4]黄聚云. 近30年我国体育研究方法论的演变与反思[J]. 上海体育学院学报,2008,32(04):18-31.

[5]张力为,张凯. 体育科学研究方法向何处去? 十个趋向与三个问题[J]. 体育与科学,2013,206(06):6-16.

[6]张春合. 体育学科研究方法的多元融合及关系辨析——基于还原论与复杂论[J]. 西安体育学院学报,2014,31(04):397-403.

[7]章岚,许小冬,赵开强. 对体育科学研究中质的研究方法的探讨——一种更加注重程序化、情景化的研究方法[J]. 体育科学,2004,24(07):1-5.

[8]胡丹婧. 质性研究在我国运动心理学中的应用[J]. 沈阳体育学院学报,2009,28(02):63-65.

[9]张军献,虞重干. 质的研究范式在体育人文社会学研究中的应用[J]. 体育科学,2010,30(10):62-69.

[10]齐静,夏秀祯,王丽娟. 质的研究方法概述及其在学校体育研究中的应用[J]. 体育科学,2011,31(06):74-80.

[11]熊欢. 论质性研究范式对我国体育人文社会科学研究困境的消解[J]. 体育学刊,2018,25(01):1-10.

[12]金成平,胡海旭.论我国运动训练研究方法中的定量思维[J].北京体育大学学报,2020,43(05):128-137.

[13]杨威.我国体育社会学研究中问卷调查方法的回顾与思考[J].体育学刊,2001,8(02):27-30.

[14]张力为.体育科学问卷调查的误区(一)[J].北京体育大学学报,2006,29(12):1586-1589.

[15]方千华.体育社会科学研究的问卷调查方法检视[J].天津体育学院学报,2008,23(03):204-206.

[16]毛志雄.体育科学领域的问卷调查:常见问题与解决方案[J].北京体育大学学报,2016,39(05):127-131.

[17]柯友枝,孙建刚,张业安,李博,刘阳.问卷是否可信——基于体育核心期刊论文(2010—2018 年)的系统分析[J].体育科学,2020,40(02):90-97.

[18]张连成.体育科学实验研究设计 10 个常见问题及对策[J].北京体育大学学报,2016,39(05):115-120.

[19]李博,刘阳,陈思同,程杰.我国学校体育研究中访谈法运用的问题探析[J].上海体育学院学报,2018,42(01):56-63.

[20]张力为.个案研究可以做成体育科学的博士论文吗[J].北京体育大学学报,2002,25(05):640-644.

[21]周进国,黄彦军.个案研究:体育社会问题的一个研究方法[J].西安体育学院学报,2010,27(02):133-136.

[22]涂传飞.阐释人类学对我国民族传统体育个案研究的启示[J].武汉体育学院学报,2010,44(03):50-55.

[23]李旭武.体育社会科学个案研究规范化探析[J].成都体育学院学报,2014,40(07):21-26.

[24]郭可雷,赵艳艳,张伟.体育社会科学研究中使用个案研究的再认识——基于研究方法运用的视角[J].成都体育学院学报,2016,42(02):20-26.

［25］杨海晨，沈柳红．类型化：一个体育人类学中观议题的缘起、意义及实践［J］．西安体育学院学报，2017，34(03)：275-280.

［26］黄聪，周伟洲，张鲲．论田野调查在民族传统体育研究中的应用［J］．中国体育科技，2006(03)：57-60.

［27］王颢霖．质疑与重释：田野调查在民族传统体育学中的应用——兼论当代民族传统体育学的转变［J］．体育科学，2014，34(07)：30-35.

［28］刘少英．民族传统体育田野调查的基本观点［J］．沈阳体育学院学报，2015，34(02)：141-144.

［29］宿继光，李金龙．近10年田野调查法在武术文化研究中应用的问题与成因——基于体育类核心期刊论文的考察［J］．上海体育学院学报，2016，40(02)：29-34.

［30］赵明元，辛松和．体育学研究中引入互联网田野调查的意义、问题及其规避［J］．体育文化导刊，2017(08)：193-197.

［31］吕寻金，刘合智，纪宇．民族传统体育田野调查应用问题审视［J］．沈阳体育学院学报，2019，38(06)：139-144.

［32］熊明生．国内体育锻炼的心理健康效应研究方法学述评［J］．武汉体育学院学报，2006(08)：56-59.

［33］李佳川．中国锻炼心理学研究方法应用现状与发展趋势研究［J］．中国体育科技，2008(01)：25-29.

［34］张力为，孙国晓．当代运动心理学进展：研究方法［J］．北京体育大学学报，2013，36(09)：42-48.

［35］陈作松，黄汉升．我国体育社会科学研究方法的应用特征［J］．武汉体育学院学报，2008(02)：11-17.

［36］丘海雄，于永慧．对体育社会科学研究方法若干问题的探讨［J］．体育与科学，2013，34(06)：25-27.

［37］黄翠，藏威，李国金，赵焕彬．运动人体科学研究方法的现状及展望［J］．中国组织工程研究与临床康复，2009，13(07)：1367-1370.

[38]马卫平,覃立. 对我国体育学硕士论文中使用“调查研究方法”的分析与反思[J]. 体育科学,2007(12):71-76.

[39]方千华,黄汉升. 我国体育人文社会学研究生学位论文研究方法的调查与分析[J]. 体育学刊,2007(02):127-130.

[40]黄汉升. 体育科学研究的方法学探索——基于中国体育学300篇博士学位论文的调查与分析[J]. 体育科学,2009,29(09):3-17.

[41]林华,夏雪. 1999~2009年我国运动人体科学专业硕士学位论文分析[J]. 体育学刊,2010,17(11):111-114.

[42]陈阳. 大众传播学研究方法导论[M]. 北京:中国人民大学出版社,2015.

[43]吴岱明. 科学研究方法学[M]. 长沙:湖南人民出版社,1987.

[44]林作新. 研究方法[M]. 北京:中国林业出版社,2009.

[45]仇立平. 社会研究方法[M]. 重庆:重庆大学出版社,2015.

[46]赵聪妹,顾益. 科学理解有规范性吗?[J]. 东北大学学报(社会科学版),2021,23(06):8-13.

[47]李佳川. 中国锻炼心理学研究方法应用现状与发展趋势研究[J]. 中国体育科技,2008(01):25-29.

[48]蒋逸民编著. 社会科学方法论[M]. 重庆:重庆大学出版社,2011.

[49]贾洪伟,耿芳. 方法论:学术论文写作[M]. 北京:中国传媒大学出版社,2016.

[50]刘良华. 教育研究方法[M]. 上海:华东师范大学出版社,2014.

[51]〔美〕艾尔·巴比. 社会研究方法[M]. 邱泽奇译. 北京:华夏出版社,2018.

[52]〔美〕格雷维特尔等. 行为科学研究方法[M]. 邓铸等译. 西安:陕西师范大学出版社,2005.

[53]李方. 现代教育研究方法[M]. 广州:广东高等教育出版社,2004.

[54]周德民等主编.社会调查原理与方法[M].长沙:中南大学出版社,2006.

[55]陈国明等.传播研究方法[M].上海:复旦大学出版社,2011.

[56]郝大海.社会调查研究方法[M].北京:中国人民大学出版社,2015.

[57]〔英〕阿克塞等.社会科学访谈研究[M].骆四铭等译.青岛:中国海洋大学出版社,2007.

[58]曹晋,孔宇,徐璐.互联网民族志:媒介化的日常生活研究[J].新闻大学,2018(02):18-27.

[59]KUHN T S. *The Structure of Scientific Revolutions*[M].(2nd Edition)Chicago, IL: The University of Chicago Press,1970:10.

[60]MASTERMAN MARGARET. *The Nature of a Paradigm*[M],London: Cambridge University Press1970: 59-89.

[61]GUBA,E. G. *The Paradigm Dialog*[M]. New Delhi: Sage Publieation,1990: 17 - 27.

[62]熊欢.论质性研究范式对我国体育人文社会科学研究困境的消解[J].体育学刊,2018,25(01):1-10.

[63]吴毅.何以个案为何叙述——对经典农村研究方法质疑的反思[J].探索与争鸣,2007(04):22-25.

[64]〔美〕塔沙克里等.混合方法论:定性方法和定量方法的结合[M].唐海华译.重庆:重庆大学出版社,2010.

[65]〔美〕加里·金,〔美〕罗伯特·基欧汉等.社会科学中的研究设计[M].陈硕译.上海:格致出版社,2014.

[66]邓君瑜,熊欢.国外体育行动研究的萌发、践行及启示[J].北京体育大学学报,2018,41(10):46-54.

[67]教育部 国家发展改革委 财政部关于深化研究生教育改革的意见[EB/OL]. http://www.cdgdc.edu.cn/xwyyjsjyxx/shggtq/gtgz/wjfb/278581.shtml.

[68]教育部 国家发展改革委 财政部关于加快新时代研究生教育改革发展的意见[EB/OL]. http://www.moe.gov.cn/srcsite/A22/s7065/202009/t20200921_489271.html.

[69]张汶军,夏豪杰.有效益的公平:我国博士招生"申请-考核"制实施状况回顾与反思[J].江苏高教,2020(04):77-82.

[70]何菲,朱志勇.博士生学术能力:内涵、框架与测量[J].重庆高教研究,2022,10(04):103-117.

[71]张娟,杨冬."申请-考核"制考什么:学术型博士生核心能力的建构与诠释——基于42所一流大学建设高校招生文本分析[J].中国高教研究,2021(12):49-56.

[72]田斐.马拉松长跑对男性跑者膝关节生物力学特征影响的研究[D].上海体育学院,2021.

[73]周浩.球场观众自律研究——以CBA太原赛区为例[D].山西大学,2020.

[74]韩青松.评估与诠释:国际武术联合会政策话语研究[D].上海体育学院,2021.

[75]张瑞青.东亚武学视域中跆拳道的生成研究[D].上海体育学院,2021.

[76]王超然.新时代我国体育外交发展策略研究[D].东北师范大学,2021.

[77]褚昕宇.青少年体育锻炼习惯养成的影响因素及作用机制研究[D].上海体育学院,2021.

[78]刘洋.单、双侧复合式抗阻训练对拳击运动员前、后直拳技术训练效应研究[D].上海体育学院,2021.

[79]陆广.我国职业篮球运动员协会构建研究:域外经验与本土设计[D].武汉体育学院,2021.

[80]郑和明.上海市居民参与型体育消费需求系统的结构特征研究[D].上海体育学院,2017.

[81]连小刚.我国学校体育保险模式研究[D].山西大学,2021.

[82]金晶.身体活动影响老年人执行功能的行为与脑特征[D].上海体育学院,2021.

[83]颜芬.中国传统体育养生与西方现代体育健身的比较研究[D].武汉体育学院,2020.

[84]唐涌.混合方法研究——美国教育研究方法论的新取向[J].外国教育研究,2015,42(02):12-21.

[85]王磊.大学生锻炼坚持行为影响因素及促进策略研究[D].山东大学,2021.

[86]滕希望.武术与民俗文化融合研究——基于海阳大秧歌仪式展演的文化人类学考察[D].上海体育学院,2020.

[87]张志雷.太极拳锻炼对苯丙胺类兴奋剂依赖者身心康复的研究[D].上海体育学院,2019.

[88]陈纪,何海霞,王真露.中国民族学研究方法的应用及其发展——基于三种权威期刊的研究[J].广西民族研究,2017(03):108-118.

[89]刘燕楠.教育研究方法论变革:历史突破与理论创新[J].教育研究,2018,39(05):16-26.

[90]贺静.不同身体练习方式对大学生睡眠质量的影响研究[D].华东师范大学,2019.

[91]张艺琼.近代中国高等体育教育发展历程的研究[D].北京体育大学,2017.

[92]刘海明.中美青少年校园篮球发展模式的比较研究[D].山西大学,2020.

[93]赵联飞.中国社会学研究方法70年[J].社会学研究,2019,34(06):14-26.

[94]李理.社会力量参与县域群众体育治理研究[D].北京体育大学,2018.

[95]郇昌店. 我国青少年体质健康政策协同研究[D]. 上海体育学院,2016.

[96]贾彬彬. 高水平跳水运动员时距估计的大脑活动特征研究[D]. 上海体育学院,2021.

[97]许嘉禾. 我国体育产业高质量发展的金融支持研究[D]. 山东大学,2021.

[98]焦长庚. 网络化治理视域下公共体育服务协同供给研究[D]. 上海体育学院,2020.

[99]王嵛. 运动健康管理商业模式构建研究[D]. 河北师范大学,2018.

[100]陆广. 我国职业篮球运动员协会构建研究:域外经验与本土设计[D]. 武汉体育学院,2021.

[101]风笑天. 社会学研究方法:走向规范化与本土化所面临的任务[J]. 华中师范大学学报(人文社会科学版),2005(06):44-48.

[102]袁方主编. 社会研究方法教程[M]. 北京:北京大学出版社,2013:19-21.

[103]风笑天. 社会学研究方法[M]. 北京:中国人民大学出版社,2009.

[104]吴晓华. 东北三省休闲滑雪损伤流行病学调查与风险管理[D]. 上海体育学院,2021.

[105]陈一凡. 有氧运动对男性甲基苯丙胺成瘾者药物渴求影响的认知神经机制[D]. 上海体育学院,2021.

[106]汪京强,吴贵华. 旅游心理研究领域的实验方法转向[J]. 旅游学刊,2020,35(12):4-6.

[107]郝龙. 互联网社会科学实验:方法创新与价值评价[J]. 中南大学学报(社会科学版),2020,26(06):163-174.

[108]肖晞,王琳. 国际关系研究中的实验法[J]. 国际观察,2017(02):28-43.

[109]李静.田野实验法:民族心理学研究方法探析[J].民族教育研究,2018,29(03):47-53.

[110]侯志涛.老年人抗阻训练健身方案制定和效果研究[D].北京体育大学,2015.

[111]周跃辉.运动对尼古丁戒断个体的认知功能影响及机制[D].上海体育学院,2016.

[112]陈向明.质的研究方法与社会科学研究[M].北京:教育科学出版社,2000.

[113]王富伟.个案研究的意义和限度——基于知识的增长[J].社会学研究,2012,27(05):161-183.

[114]风笑天.定性研究概念与类型的探讨[J].社会科学辑刊,2017(03):45-52.

[115]李博,刘阳,陈思同,程杰.我国学校体育研究中访谈法运用的问题探析[J].上海体育学院学报,2018,42(01):56-63.

[116]〔美〕约翰逊等.教育研究:定量、定性和混合方法[M].马健生等译.重庆:重庆大学出版社,2015.

[117]李洋.我国女子手球运动员射门技术特征及身体运动功能训练效果的实证研究[D].首都体育学院,2021.

[118]覃立.中国高尔夫球运动发展的跨文化研究[D].湖南师范大学,2021.

[119]赵景磊.梅花拳传承中的身份认同研究[D].上海体育学院,2019.

[120]周芳.乡村振兴战略下村落体育表演的发展路径研究[D].曲阜师范大学,2021.

[121]徐家熹.购彩行为、购彩认知与问题购彩的交互影响——基于上海市体育彩票彩民的实证研究[D].上海体育学院,2018.

[122]王丹丹.福利院重度智力障碍儿童适应性身体活动健康促进的理论与实践研究[D].上海体育学院,2019.

[123]李月仪,陈伟菊.德尔菲法在护理管理学中的应用现状[J].护理研究,2018,32(21):3339-3341.

[124]李博,任晨儿,刘阳.辨证与厘清:体育科学研究中“德尔菲法”应用存在的问题及程序规范[J].体育科学,2021,41(01):89-97.

[125]曾照云,程晓康.德尔菲法应用研究中存在的问题分析——基于38种CSSCI(2014—2015)来源期刊[J].图书情报工作,2016,60(16):116-120.

[126]曾照云,程安广.德尔菲法在应用过程中的严谨性评估——基于信息管理视角[J].情报理论与实践,2016,39(02):64-68.

[127]向宇宏.贵州世居少数民族传统体育发展战略研究[D].北京体育大学,2018.

[128]霍圣录.省级体育彩票公益金使用绩效评价研究[D].上海体育学院,2021.

[129]马卉君.普通高校青年体育教师转化性学习研究[D].北京体育大学,2020.

[130]周大鸣,龚霓.海外研究:中国人类学发展新趋势[J].广西民族大学学报(哲学社会科学版),2018,40(01):116-123.

[131]折晓叶.“田野”经验中的日常生活逻辑经验、理论与方法[J].社会,2018,38(01):1-29.

[132]折晓叶.“田野”经验中的日常生活逻辑[J].社会科学文摘,2018(04):51-54.

[133]〔英〕马凌诺斯基.西太平洋的航海者[M].梁永佳,李绍明译.北京:华夏出版社,2002.

[134]田耕.社会学民族志的力量:重返早期社会研究的田野工作[J].社会,2019,39(01):71-97.

[135]宋蜀华,白振声主编.民族学理论与方法[M].北京:中央民族大学出版社,1998:173.

[136]吕寻金,刘合智,纪宇.民族传统体育田野调查应用问题审视

[J].沈阳体育学院学报,2019,38(06):139-144.

[137]高丙中,周大鸣,赵旭东.人类学的四大传统[M].北京:商务出版社,2008.

[138]赵旭东.田野八式:人类学的田野研究方法[J].民族学刊,2015,6(01):1-8+94-96.

[139]刘倩.诚与真:田野情感和学术伦理[J].民族文学研究,2019,37(01):50-55.

[140]成思危.认真开展案例研究,促进管理科学及管理教育发展[J].管理科学学报,2001(05):1-6.

[141]张勤.近代司法研究的个案方法及其运用[J].国家检察官学院学报,2019,27(04):152-160.

[142]风笑天.社会学研究方法:走向规范化与本土化所面临的任务[J].华中师范大学学报(人文社会科学版),2005(06):44-48.

[143]吴毅.何以个案 为何叙述——对经典农村研究方法质疑的反思[J].探索与争鸣,2007(04):22-25.

[144]王富伟.个案研究的意义和限度——基于知识的增长[J].社会学研究,2012,27(05):161-183.

[145]李润洲.研究生个案写作的方法论反思——一种教育学的视角[J].学位与研究生教育,2019(05):44-50.

[146]唐国军.案例研究方法及其在国内教育研究中的应用述评[J].教育学术月刊,2011(12):14-17.

[147]王建云.案例研究方法的研究述评[J].社会科学管理与评论,2013(03):77-82.

[148]连小刚.我国学校体育保险模式研究[D].山西大学,2021.

[149]刘晓丽.全媒体时代体育赛事危机传播管理研究[D].武汉体育学院,2019.

[150]李佳卉.数字创业心理资本影响因素及对创业绩效的作用机制研究[D].吉林大学,2022.

[151]耿曙. 从实证视角理解个案研究:三阶段考察渠文的方法创新[J]. 社会,2019,39(01):129-152.

[152]王富伟. 个案研究的意义和限度——基于知识的增长[J]. 社会学研究,2012,27(05):161-183.

[153]卢晖临,李雪. 如何走出个案——从个案研究到扩展个案研究[J]. 中国社会科学,2007(01):118-130.

[154]朱君. 京师武术文化研究——以北京个案为例[D]. 上海体育学院,2017.

[155]徐士韦. 体育纠纷及其法律解决机制研究[D]. 上海体育学院,2015.

[156]刘海明. 中美青少年校园篮球发展模式的比较研究[D]. 山西大学,2020.

[157]王宁. 代表性还是典型性?——个案的属性与个案研究方法的逻辑基础[J]. 社会学研究,2002(05):123-125.

[158]曾东霞,董海军. 个案研究的代表性类型评析[J]. 公共行政评论,2018,11(05):158-170.

[159]程华. 大众体育政策执行效果评估研究——以《上海市全民健身实施计划(2011-2015 年)》为例[D]. 上海体育学院,2018.

[160]陈玉萍. 体育旅游危机事件网络舆情诱发、演化与治理研究[D]. 上海体育学院,2021.

[161]李刚. 老年顾客参与运动健康服务的价值共创路径研究[D]. 上海体育学院,2021.

[162]鲁志琴. 我国运动休闲特色小镇产业融合发展研究[D]. 武汉体育学院,2021.

[163]周龙峰. 我国优秀击剑运动员专项体能训练模式研究[D]. 首都体育学院,2017.

[164]渠敬东. 迈向社会全体的个案研究[J]. 社会,2019,39(01):1-36.

[165]耿曙,陈玮. 比较政治的案例研究:反思几项方法论上的迷思[J]. 社会科学,2013(05):20-29.

[166]陈晓峰. 国家治理视阈下的体育产业政策研究[D]. 北京体育大学,2016.

[167]王荷英. 北洋政府时期不同教育宗旨下的学校体育研究[D]. 苏州大学,2017.

[168]贺鑫森. 社会结构变迁下体育社会组织发展研究[D]. 苏州大学,2016.

[169]〔美〕马丁. 当代叙事学[M]. 伍晓明译. 北京:北京大学出版社,2005.

[170]丁钢. 声音与经验:教育叙事探究[M]. 北京:教育科学出版社,2008.

[171]吴继霞,何雯静. 扎根理论的方法论意涵、建构与融合[J]. 苏州大学学报(教育科学版),2019,7(01):35-49.

[172]〔美〕科宾,〔美〕施特劳斯. 质性研究的基础:形成扎根理论的程序与方法[M]. 朱光明译. 重庆:重庆大学出版社,2015.

[173]盛东方. 我国图书情报研究中的扎根理论应用[J]. 图书馆论坛,2020,40(08):78-86.

[174]孙玉伟,成颖,张建军. 扎根理论方法论在国内图情领域的应用及其反思[J]. 图书馆学研究,2019(19):2-11.

[175]范宏雅. 话语的社会建构:常人方法论谈话分析的理论和方法研究[D]. 南开大学,2012.

[176]范宏雅. 话语的确切含义与话语分析的研究路径[J]. 剑南文学(经典教苑),2011(10):349.

[177]周惠新. 太极拳跨文化传播研究[D]. 湖南师范大学,2020.

[178]毛浩然,徐赳赳,娄开阳. 话语研究的方法论和研究方法[J]. 当代语言学,2018,20(02):284-299.

[179]焦素花. 新中国成立以来我国体育价值变迁的观念史证与阐

释[D].北京体育大学,2018.

[180]钱茂伟.作为活人历史研究的口述史[J].浙江社会科学,2019(10):141-150.

[181]曲彦斌.略论口述史学与民俗学方法论的关联——民俗学视野的口述史学[J].社会科学战线,2003(04):126-132.

[182]全根先.图书馆与口述史学:渊源、现状和存在问题[J].图书馆理论与实践,2019(01):1-4.

[183]陈墨."心灵考古":口述历史的方法与模式探索[J].当代电影,2010(07):40-47.

[184]全根先.口述史采访中的文献收集工作[J].高校图书馆工作,2019,39(06):27-32.

[185]覃学健,李翠白.虚拟学习社区的社会网络分析研究[J].现代教育技术,2009,19(02): 26-29.

[186]王莹.社会网络分析在协作学习评价中的应用研究——以农林职业技术学院 07 级计算机基础课为例[D].上海:上海师范大学,2008:5.

[187]张存刚,李明,陆德梅.社会网络分析——一种重要的社会学研究方法[J].甘肃社会科学,2004,(02): 109-111.

[188]林聚任.社会网络分析:理论、方法与应用[M].北京:北京师范大学出版社,2009.

[189]Greene J C,Graham C W F. *Toward a Conceptual Framework for Mixed -Method Evaluation Designs*[J]. Educational Evaluation and Policy Analysis,1989,11(03):255-274.

[190]〔美〕克雷斯威尔.研究设计与写作指导:定性、定量与混合研究的路径[M].崔延强译.重庆:重庆大学出版社,2007.

[191]张一苇,赵野田.实证还是非实证?——论思想政治教育研究方法的选择与运用[J].思想教育研究,2018(05):32-36.

[192]潘懋元主编.高等教育研究方法[M].北京:高等教育出版

社,2008.

[193]李刚,王红蕾.混合方法研究的方法论与实践尝试:共识、争议与反思[J].华东师范大学学报(教育科学版),2016,34(04):98-105.

[194]Bylund H B,Denzin,N K. *The Research Act:A Theoretical Introduction to Sociological Methods*[M]. New York:Praeger,1972:291-307.

[195]杨立华,李凯林.公共管理混合研究方法的基本路径[J].甘肃行政学院学报,2019(06):36-46.

[196]Lewin K. *Action research and minority problems*[J]. Journal of Social Issues,1946,2(04):34-46.

[197]董树梅.行动研究是研究方法吗?——对行动研究归属的方法论解读[J].上海教育科研,2013(07):30-32.

[198]张赫.体育教育专业教师教育类课程的优化研究[D].上海体育学院,2017.

[199]〔挪威〕巴特等.人类学的四大传统[M].高丙中等译.北京:商务印书馆,2008.